BIBLIOTHÈQUE

DE LA SOCIÉTÉ TOULOISE

DES

AMIS DE L'INSTRUCTION

CATALOGUE

REFONDU

VOIR LA TABLE DE RÉCAPITULATION PLACÉE A LA FIN

La Bibliothèque est située rue Muids-des-Blés, 8

Elle est ouverte le dimanche, de 1 heure à 2 heures et demie ; et le vendre
10 heures à 11 heures et demie.

La cotisation du sociétaire *ne peut être inférieure à* UN FRANC.

Elle se paie lors de la souscription, quelle qu'en soit la date ; une
nouvelle cotisation est due chaque premier novembre.

Le présent catalogue se vend au profit de la Bibliothèque. Il
s'accroîtra par l'adjonction de suppléments.

TOUL

Imprimerie T. Lemaire, place de la Cathédrale, 6.

Cette refonte était devenue nécessaire par suite de l'épuisement du premier Bulletin. La commission de bibliothèque et le Comité se sont donc appliqués à grouper de leur mieux les titres des ouvrages pour la rédaction du nouveau catalogue ; ils se sont décidés aussi *à changer complètement le numérotage des volumes*, afin d'opérer dans leur arrangement matériel une réforme de nature à faciliter les recherches directes sur les rayons.

Nous désirons que cette modeste œuvre réponde, par quelque utilité pratique, aux soins que nous y avons apportés. Nous avons suivi une partie de l'ordre établi dans divers autres catalogues ; mais nous y avons ajouté du nôtre d'une manière assez marquée d'après notre propre expérience, comme on en peut juger par l'examen du détail intérieur.

DROITS ET OBLIGATIONS DES LECTEURS.

Les ouvrages de la Bibliothèque pourront être emportés à domicile (Art. 9 du règlement).

Chaque emprunteur ne pourra recevoir à la fois plus de 2 volumes (Art. 15 id.).

La durée du prêt d'un livre ne devra pas excéder trois semaines, mais le prêt pourra être renouvelé immédiatement, si pendant cet intervalle le livre n'a pas été demandé par une autre personne (Art. 15 id.).

L'emprunteur est responsable de l'ouvrage qui lui a été prêté : en cas de perte partielle ou totale, il en doit la valeur à la Société, et en cas de dégradations, etc., il en doit la moins-value, qui sera fixée par le bibliothécaire et les deux assesseurs. Il ne pourra recevoir d'autres volumes avant le payement des dégradations (Art. 16 id.).

Tout porteur d'une demande signée par un adhérent à la Société peut, comme mandataire du titulaire seul responsable, venir emprunter ou rapporter des livres (Art. 18 id.).

BIBLIOTHÈQUE DE LA SOCIÉTÉ TOULOISE

DES AMIS DE L'INSTRUCTION

CATALOGUE *

PREMIÈRE COLLECTION

FORMATS ORDINAIRES

(Au-dessous de 24 centimètres de hauteur).

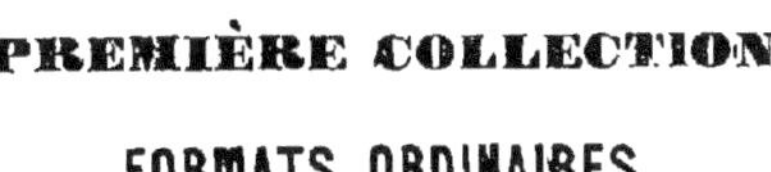

Série A. — Connaissances utiles générales.

(1° Religion, morale ; 2° Famille, éducation ; 3° Hygiène ;
4° Législation ; 5° Langue française ; 6° Enseignement, propagande intellectuelle ; 7° Récits instructifs et moraux, connaissances utiles diverses ; 8° Économie industrielle, économie politique).

Religion, morale.

A-1. DEVOIRS (les), par Bergery.

A-2. GUIDE du bonheur (le), recueil de pensées, maximes et
prières, par Delessert.

A-3. IMITATION de Jésus-Christ (l').

A-4. MORALE (éléments de), par Carré.

A-5. — pour tous (la), par Franck.

A-6 à 8. — Id., 3 autres exemplaires.

A-9. — pratique (livre de), par Barrau.

A-10. NOUVEAU TESTAMENT (petits récits tirés du), publ. Doubet.

A-11 à 12. Id., 2 autres exemplaires.

A-13. Prières (le livre de), publ. de la Palme.

A-14.   Id.

A-15. Providence (de la), par Damiron.

A-16. Vertu (la) en action, extraits des discours sur les prix Montyon, par Lock et Couly.

A-17 à 18. — (les prix de), discours prononcés à l'Académie française, 1819-1860, publ. par Lock et Couly, 2 vol.

A-19. Vertus du peuple (les) glorifiées par l'Académie française, choix de lectures par Mmes Pinet et C^{sse} Drohojowska.

Famille, éducation.

A-20. Conseils aux parents sur l'éducation de leurs enfants, par Rondelet.

*[A-247.] Éducation des filles (de l'), par Fénelon.

A-21. Famille (du rôle de la) dans l'éducation, par Prévost-Paradol.

A-22. — (la), par Janet.

A-23. —   Id.

A-24. Pères (les) et les enfants au XIXe siècle, par Legouvé, 1re partie : Enfance et adolescence.

A-25.   Id., 2e partie : La jeunesse.

Hygiène.

A-26. Catéchisme hygiénique, par Guillaume.

A-27. Docteur (le) au village, entretiens familiers sur l'hygiène, par Mme Meunier.

A-28 à 30.   Id., 3 autres exemplaires.

A-31. Gymnastique hygiénique et médicale (manuel de), Gymnase Pichery.

A-32. —   pratique, par Laisné.

A-33. Hygiène (choix de lectures sur l'), par Guy-Raoul.

A-34. — de l'homme et des animaux domestiques, par Ysabeau.

(*) Ouvrage admis depuis l'établissement du système actuel de numérotage. La dislocation numérique qui résultera des accroissements de la Bibliothèque étant encore à son début, nous avons cru devoir distinguer ces sortes d'intercalations par des crochets dans ce premier corps de catalogue.

A-35. Hygiène (entretiens sur l'), à l'usage des campagnes, par le
      Dʳ Descieux.
A-36.   —   Id.
A-37.   —   (entretiens sur l'), par le Dʳ Chambeyron.
A-38.   —   générale, par Cruveilhier.
A-39.   —   privée (notions d'), à l'usage des départements du
      N.-E. de la France, par Grellois.
A-40.   —   Id.
A-41.   —   (traité d'), par Brierre de Boismont.
A-42. Intempérance (des habitudes d'), par Baudrillart.
A-43.   Id.
A-44. Médecin des enfants (le), par Barthélemy.
A-45. Mort réelle (moyen de distinguer la) de la mort apparente,
      par le Dʳ Gannal.
A-46. Plantes médicinales indigènes (dictionnaire des), par le Dʳ
      Thierry de Maugras.
A-47. Santé des enfants (la), par la Cᵗᵉˢˢᵉ de Ségur.
A-48. Soins (des) à donner aux malades, par miss Nightingale.

Législation.

A-49. Actes de l'état civil (les), par Addenet.
A-50. Administration des communes (de l') en France, par de
      Toulza.
A-51. Code de commerce (nouveau manuel pratique et complet
      du), par Picot.
A-52. Droit français (notions élémentaires de), par Grün.
A-53.   —   pénal (cours élémentaire de), par de Lamoulière.
A-54. Droits respectifs des maîtres et des domestiques (manuel des),
      par Bionne.
A-55. Lectures sur la loi (petites), par Putois.
A-56. Legislation (cours de), par Ysabeau.
A-57.   —   française, par Bonne.
A-58.   —   usuelle (cours de), par Grün.
A-59.   —   —   (cours de) pour l'instruction profes-
      sionnelle des ouvriers, par Rameau.
A-60.   —   —   (dictionnaire de), par Cadet.
A-61. Profession d'avocat (de la), par F. Liouville.

Langue française.

A-62. Compositions françaises (recueil de), par Saucié et Guillemot.

A-63. Dictionnaire universel classique français, par Bénard.

A-64. Exercices variés sur la grammaire française de Lhomond,
par Jullien.

A-65. Grammaire de la langue française, à l'usage des classes su-
périeures, par Lemaire.

A-66.   —   des jeunes filles, par Sommer.

A-67.   —   française, bibliothèque de l'*Ecole Mutuelle*.

A-68.   —   —   de Lhomond, etc., publ. Rion.

A-69.   —   —   (la) après l'orthographe, par Eman
Martin.

A-70.   —   —   (la première), par Huré.

A-71.   —   —   (nouvelle), par A. Gouzien.

A-72 à 73. Langue française (cours théorique et pratique de), par Gal-
tier, 2 vol.

A-74.   —   maternelle (de l'enseignement régulier de la), par
Girard.

A-75. Lecture (enseignement de la) par l'écriture, et réciproque-
ment, par Brare.

A-76.   —   (méthode de), par Robin.

A-77. Locutions et fautes corrigées (deux mille), publ. Rion.

A-78.   —   Id.

A-79.   —   vicieuses (dictionnaire des), par Munier.

A-80 à 88. Manuel *épistolaire*, lettres autographiées, 9 exemplaires.

A-89. Morceaux choisis (recueil de), par Marguerin et Michel.

A-90. Mosaïque française, par Saucié et Guillemot.

A-91. Omnibus du langage (les), par Lévi-Alvarès.

A-92. Vocabulaire français, par de Wailly.

Enseignement, propagande intellectuelle.

A sans n°. Bulletin de la Société Franklin, journal des Bibliothèques
populaires. Numéros depuis la fondation; l'abon-
nement se continue.

A-93. Bulletin du mouvement d'enseignement par l'initiative privée, par J. Macé. Les n⁰ˢ réunis.

A sans n⁰. Bulletins (quelques numéros de), catalogues, règlements de Bibliothèques populaires et de Sociétés utiles.

A-94. École (l'), par J. Simon.

A-95. Examens dans les écoles primaires (manuel des), par Jullien.

A-96.   Id.

A-97. Expositions scolaires départementales de 1868 (les), par Defodon et Ferté.

A-98. Instituteur (l'), l'autorité et la liberté, par Ambrogi.

A-99. Morale en action, mouvement de propagande intellectuelle en Alsace, par J. Macé.

A-100. Paix sociale (la), ou continuation de la guerre à l'ignorance, par L. Lebon.

Récits instructifs et moraux, connaissances utiles diverses.

A-101. Almanach de la Société protectrice des animaux pour 1869.

A-102.   —   du Magasin pittoresque, années diverses réunies.

A-103. Ami du village (l'), par Ch. Deslys.

A-104. André ou la Pierre de touche, par Mˡˡᵉ Ulliac-Trémadeure.

A-105. Anecdotes morales, par E. de Soye.

A-106. Anniversaire de Waterloo (l'), par J. Macé.

A-107 à 109.   Id., 3 autres exemplaires.

A-110. Art d'étudier avec fruit (l'), par de Grandsagne, etc.

A-111. Camp (le), la fabrique et la ferme, récit par de Jussieu.

A-112. Cent et un récits, publ. Rion.

A-113. Comme on devient un homme d'après les idées de B. Franklin, par Douay.

A-114. Comptabilité (cours de), par Courcelle-Seneuil.

A-115.   —   (notions préliminaires de), par le même.

A-116. Coupe (méthode simple et pratique pour la) et la confection de tous les vêtements de femme, par Mˡˡᵉ Fée.

A-117. Dessin d'imitation (le), publ. Rion.

A-118. Économie domestique, par Mᵐᵉ Millet-Robinet.

A-119 à 120. ENCYCLOPÉDIE (petite) à l'usage des Bibliothèques scolaires, 2 vol.

A-121. ENTRETIENS de village, par de Cormenin.

A-122. — populaires, publ. par Thévenin ; savoir : Série Iʳᵉ. Le chaos. L'homme. L'agriculture. Les chemins de fer.

A-123. — — Id.

A-124. — — II. Physique du globe. Acclimatation. Etc., etc.

A-125. — — III. Pluralité des mondes. L'empirisme. Canal de Suez, etc.

A-126. — — IV. Du lait. Émigration et colonisation. Le Misanthrope, etc., etc.

A-127. — — V. Progrès social par les machines. Des colonies françaises, etc., etc.

A-128.. — — VI. De la houille et du fer en France. De l'impôt. De la civilisation.

A-129. — — Id.

A-130. — — VII. Situation de l'agriculture. Du blé au point de vue de l'hygiène. Etc., etc.

A-131. — — VIII. L'agriculture à l'exposition. Du café. Gheel, ou une colonie d'aliénés, etc.

A-132. ERREURS (des) et des préjugés populaires, par Waddington.

A-133. — et préjugés populaires ; les trois poisons ; publ. Rion.

A-134. — (traité des) et des préjugés, par Gratien de Semur.

A-135. FRANCINET, par Bruno.

A-136. FRANKLIN (écrits populaires de).

A-137. GÉNIE (le) et la Petite Ville, par J. Macé.

A-138. Id.

A-139. INVENTIONS utiles (entretiens sur les), par St-Germain.

A-140. LANGAGE des fleurs (le véritable), par Mᵐᵉ de Neuville.

A-141. LECTURE musicale (théorie de) et traité de plain-chant, par Laboureau.

A-142. Lectures choisies, par Gossin.
A-143. — — (cent), publ. Rion.
A-144. — — de morale et de littérature, par Duthar.
A-145. — — pour chaque dimanche, publ. Rion.
A-146. — (choix de), littérature et morale, par Mgr Daniel.
A-147. — Id.
A-148. — morales, historiques et scientifiques, par Caron.
A-149. — pour l'année (choix de), par Hanriot.
A-150 à 151. Maison rustique des dames, par Mme Millet-Robinet, 2 vol.
A-152. Mariage (quelques considérations sur le), par Worms.
A-153. Million de faits (un), par Aicard, etc.
A-154. Musique (la), publ. Rion.
A-155. — (principes de), par Méliot.
A-156. Orpheoniste (guide-manuel de l'), par Poirson.
A-157. Patrons de broderies, dentelles et guipures du XVIe siècle, par Cocheris.
A-158. Physiologie du goût, par Brillat-Savarin.
A-159. Id.
A-160 à 161. Id., en 2 volumes.
A-162. Pierre et Pierrette, ou les dangers du vagabondage, par Mme Swanton-Belloc.
A-163. Pierre Valdey ou le Bon Fils, par de Labonnefon.
A-164. Politesse dans le monde (de l'usage et de la), par la Bnne de Fresne.
A-165. — française (petit traité de la), par Muller.
A-166. Premier livre du citoyen (le), par Delapalme.
A-167. Sapeur-pompier (manuel du), par Plazanet.
A-168. Science du bonhomme Richard (la), etc. ; par Franklin.
A-169. Self-Help, ou caractère, conduite et persévérance illustrés à l'aide de biographies, par Smiles.
A-170. Simon de Nantua, par L. de Jussieu.
A-171. Id.
A-172. Travaux d'aiguille (les), publ. Rion.
A-173. Village de Valdoré (le), ou Sagesse et prospérité, par L. P. J.

Économie industrielle, économie politique.

A-174. A B C du travailleur, par E. About.

A-175. Argent (l') et ses critiques, par Baudrillart.

A-176. Association (annuaire de l') pour 1867, par le Dʳ Barrier, etc.

A-177. Associations ouvrières (les), par Véron.

A-178.   Id.

A-179. Assurance (l'), par Levasseur.

A-180. Assurances sur la vie, par Reboul.

A-181. Assuré (de l') ou de ses droits et obligations, par Pouget.

A-182. Au bout du monde, récits sur la civilisation moderne et ses
    principaux instruments, par un ancien élève de l'École
    polytechnique.

A-183. Bien-être et concorde des classes du peuple français, par
    Ch. Dupin ; des causes de l'inégalité des riches-
    ses, par H. Passy.

A-184. — (le) et l'ouvrier, par l'abbé Tounissoux.

A-185. Chemins de fer (la vérité sur les) en France, par Boudon.

A-186. Communauté et communisme, par F. Passy.

A-187. Conseils aux ouvriers sur les moyens d'améliorer leur condi-
    tion, par Barrau.

A-188.   Id.

A-189. Créancier hypothécaire (guide du), par Pouget.

A-190. Crédit populaire (le), par Baudrillart.

A-191. Économie industrielle, par Bergery.

A-192 à 198. — — , publ. Thévenin, 7 vol.

A-199. — politique (l') dans la vie pratique, par Rondelet.

A-200 à 201. — — (leçons d'), par F. Passy, 2 vol.

A-202.   — — (notions générales d'), par Wolowski.

A-203 à 206. — — Id., 4 autres exemplaires.

A-207. — sociale (simples leçons d'), par Templar.

A-208. — — Id.

A-209. — sociale et industrielle (cours élémentaire d'), par Bonne.

A-210. Enseignement et sort des ouvriers, par Ch. Dupin ; des
    associations ouvrières, par Villermé; etc.

A-211. Épargne (l'), ou puissance des gros sous, par de l'Étang.

A-212.   Id.

A-213. Grèves (la suppression des) par l'association aux bénéfices, par Ch. Robert.

A-214. Inegalité des richesses (des causes de l'), par H. Passy.

A-215. Lutte industrielle des peuples (la), par Audiganne.

A-216. Luxe et travail, par Baudrillart.

A-217. 　　Id.

A-218. Machines (les) et leur influence sur le développement de l'humanité, par F. Passy.

A-219. 　　Id.

A-220. Mettray (une visite à), par Ch. Sauvestre.

A-221. Monnaie (de la), par Wolowski.

A-222 à 223. 　　Id., 2 autres exemplaires.

A-224. Moyen d'être heureux (le), par H. A.

A-225. — infaillible (le) de gagner de l'argent et d'en amasser, par Vasseur.

A-226. Ouvrier (l') autrefois et aujourd'hui, par E. Menu de St-Mesmin.

A-227. Ouvrière (l') et ses enfants, par de l'Étang.

A-228. Ouvriers (les) en famille, par Audiganne.

A-229. Propriété (la), par Baudrillart.

A-230. Régime commercial de la France (discours sur le), par Thiers, 1851.

A-231. Richesse des nations (études sur la), par L. Say.

A-232. Sagesse du hameau (la), par Porchat.

A-233. Socialisme pratique, par Gagneur.

A-234. Sociétés coopératives de consommation (les), par Duval.

A-235. — — de crédit (les), par le même.

A-236. — — 　　Id.

A-237. — — de production (les), par le même.

A-238. — de secours mutuels (guide pour l'organisation et l'administration des), par V. Robert.

A-239. Trades unions (les associations ouvrières en Angleterre:), par le Cte de Paris.

A-240. Travail (le), par J. Simon.

A-241. — (le) et ses lois, par Rondelet.

A-242. Travail des enfants (du) dans les manufactures, par Wolowski.

A-243. 　　Id.

A-244. Veillées de maître Patrigeon (les), par Mme Carraud.
A-245.   Id.
A-246. Voies de communication (notions sur l'histoire des) en France, par Aucoc.

Série B. — Philosophes et publicistes*.

(1° Sujets de philosophie et de religion; 2° Sujets politiques, appréciations morales et historiques; 3° Variétés philosophiques et politiques).

Sujets de philosophie et de religion.

B-1. Devoir (le), par J. Simon.
B-2. Discours (nouveaux) prononcés à Genève : la vérité ; la foi ; la vie ; par le Cte A. de Gasparin.
B-3. Discours *préliminaire* de l'Encyclopédie, par Dalembert.
B-4 à 5.   Id., 2 autres exemplaires.
**[B-109 à 110] Génie du christianisme (le), par Chateaubriand, 2 vol.
B-6. Maximes de La Rochefoucauld.
B-7.   Id.
B-8. Maximes *ou manuel* d'Épictète.
B-9 à 10.   Id., 2 autres exemplaires.
B-11. Mélanges philosophiques, par Jouffroy.
B-12. Méthode (discours de la), par Descartes.
B-13.   Id.
B-14 à 18. Œuvres de Pascal, 5 vol.
B-19. Œuvres *choisies* de Descartes, éd t. Garnier.
B-20. Pensées de Pascal.
B-21.   Id.
B-22.   Id., édit. Garnier.
B-23. Philosophie (manuel de), par A. Jacques, J. Simon et Saisset.
B-24. Psychologie comparée, par P. Flourens.

(*) Cette série se complète par la précédente qui, sous le titre de *connaissances utiles générales,* renferme précisément ce qu'il y a de plus élémentaire, de plus pratique ou de plus éprouvé parmi les doctrines des philosophes et des publicistes.

(**) Ouvrage admis depuis la création du nouveau numérotage.

Sujets politiques, appréciations morales et historiques.

B-25. Action (de l') exercée par Voltaire sur nos mœurs judiciaires, par Raoul Duval.

B-26. Assujétissement des femmes (l'), par Stuart Mill.

B-27. Causes (essai sur les) qui, en 1649, amenèrent en Angleterre l'établissement de la République, par Boulay, de la Meurthe.

B-28. Chefs-d'œuvre de P. L. Courier.

B-29 à 30. Id., en 2 vol.

B-31. Christianisme (le) au moyen-âge : Innocent III, séances historiques, par le Cte A. de Gasparin.

B-32. Constitution de l'Angleterre, par de Lolme.

B-33. Contrat social (du), par J. J. Rousseau.

B-34. Id.

B-35 à 37. Correspondance de B. Franklin, publiée par Laboulaye, 3 volumes.

B-38 à 40. Id.

B-41 à 43. Démocratie (de la) en Amérique, par de Tocqueville, 3 vol.

B-44. Droit de punir (du), par É. de Girardin.

B-45. Droits (des) et des devoirs du citoyen, par Mably.

B-46 à 47. Id., 2 autres exemplaires.

B-48. Égalité (l'), par le Cte A. de Gasparin.

B-49. Enseignement supérieur (l') devant le Sénat, extrait du *Moniteur*.

B-50. Id.

B-51. Guerre sociale (de la) et des moyens d'en écarter la menace ; Lachaud, éditeur.

B-52. Inégalité parmi les hommes (discours sur l'origine et les fondements de l'), par J. J. Rousseau.

B-53. Id.

B-54. Liberté de conscience (la), par J. Simon.

B-55. — religieuse (la), par Laboulaye.

B-56 à 57. Mirabeau, vie, opinions et discours, par Vermorel, 2 vol.

B-58 à 62. Id., en 5 vol.

B-63. Œuvres de Camille Desmoulins.

B-64 à 66. Id., en 3 vol.

B-67. Prince (le), par Machiavel.

B-68. Id.

B-69. Progrès (le), par E. About.

B-70. Progrès *de l'esprit humain* (esquisse d'un tableau des), par Condorcet.

B-71 à 72. Id., en **2 vol.**

B-73. Réclamations des femmes (les), par le Cte **A.** de Gasparin.

B-74. Servitude volontaire (de la), par La Boétie.

B-75 à 76. Id., **2** autres exemplaires.

Variétés philosophiques et politiques.

B-77. Bonté (la), par Rozan.

B-78. Caractères (les), par La Bruyère.

B-79 à 80. Id., en 2 vol.

B-81. Id., 1 vol., édit. Garnier.

B-82. Causeries parisiennes, par H. de Lagardie.

B-83. Conférences parisiennes, par Legouvé.

B-84. Éloge de la folie, par Érasme.

B-85. Id.

B-86 à 87. Émile, ou de l'éducation, par J. J. Rousseau, **2 vol.**

B-88 à 91. Id., en **4 vol.**

B-92. Femmes (histoire morale des), par Legouvé.

B-93 à 95. Galerie morale et politique, par le Cte de Ségur, **3 vol.**

B-96. Lettres à un jeune engagé, par Breuillart.

B-97. Id.

B-98. Menus propos, par A. Karr.

B-99. Paris en Amérique, par Laboulaye.

B-100. Paroles d'un croyant, par Lamennais.

B-101. Id.

B-102. Peine de mort (la), récit par J. Simon.

B-103. Id.

B-104. Poignée de vérités (une), par A. Karr.

B-105. Prince-Caniche (le), par Laboulaye.

B-106. Provinciales (lettres), par Pascal.

B-107 à 108. Id., en **2 vol.**

Série C. — Histoire, Mythologie.

(1° Histoire des pays et des faits, mythologie ; 2° Histoire biographique, mémoires.)

———

Histoire des pays et des faits, mythologie.

C-1 à 2. Anacharsis (voyage du jeune) en Grèce, par Barthélemy, 2 vol.

    C-3. Angleterre (petite histoire d'), d'Écosse et d'Irlande, par Parisot.

C-4 à 5.   —   Id., 2 autres exemplaires.

    C-6.   —   (résumé de l'histoire d'), par Bodin.

    C-7.   —   (tableaux de l'histoire d'), par Mme de St-Ouën.

    C-8. Armes (les) et les armures, par Lacombe.

    C-9. Art antique (l'), par R. Ménard.

    C-10. Ballons (les) pendant le siége de Paris, histoire de 60 voyages aériens, par Clerval.

    C-11. Blocus de Metz (le) en 1870 ; publ. par le conseil municipal de Metz.

    C-12. Carthaginois (histoire des), par Rollin.

C-13 à 17. Chevaliers de Malte (histoire des), par Vertot, 5 vol.

    C-18. Chine (résumé de l'histoire de la), par de S.

    C-19. Civilisation en Europe (histoire de la), par Guizot.

    C-20. Conjuration de Catilina ; guerre de Jugurtha ; par Salluste.

    C-21.   Id.

    C-22. Conjurations des Espagnols contre la république de Venise ; et des Gracques ; etc., par St-Réal.

C-23 à 42. Consulat (histoire du) et de l'Empire, par Thiers, 20 vol.

    C-43. Coup d'État (étude historique sur le), par Ténot : Paris en décembre 1851.

    C-44.   Id. : La province en décembre 1851.

    C-45. Croisades (résumé de l'histoire des), par St-Maurice.

    C-46.   Id.

    C-47. Découverte (histoire de la) et de la conquête de l'Amérique, par Robertson.

C-48. Démonologie (histoire de la), par Walter Scott.

C-49 à 50.   Id., en 2 vol.

C-51. Dictionnaire abrégé de la Fable, par Chompré.

C-52.   —   abrégé d'histoire, par Genouille.

C-53.   —   de l'antiquité (abrégé du), par Bouillet.

C-54.   —   Id.

C-55 à 57. Écosse (histoire d'), par Robertson, 3 vol.

C-58 à 59.   —   (—),   par Walter Scott, 2 vol.

C-60 à 70.   —   (—),   Id., en 11 vol.

C-71.   —   (résumé de l'histoire d'), par Armand Carrel.

C-72. Égypte (résumé de l'histoire d'), par Rey-Dussueil.

C-73. Égyptiens (abrégé de l'histoire des), des Assyriens, etc., par Pornin.

C-74. Établissements européens dans les Indes occidentales (résumé de l'histoire des), par Mérault.

C-75.   —   dans les Indes orientales (résumé de l'histoire des), par le même.

C-76. États-Unis (résumé de l'histoire des), par Barbaroux.

C-77. Français (histoire populaire des), par Buchon.

C-78. France (essais sur l'histoire de), par Guizot.

C-79 à 93.   —   (histoire de), par Anquetil, 15 vol.

C-94 à 107.   —   (—)   Id., avec suites, 14 vol.

C-108 à 109.   —   (—)   par É. de Bonnechose, 2 vol.

C-110 à 113.   —   (—)   publ. par de la Palme, 4 vol.

C-114 à 115.   —   (la), nos fautes, nos périls, notre avenir, par le Cte A. de Gasparin, 2 vol.

C-116.   —   (la première histoire de), par Huré.

C-117.   —   (lettres sur l'histoire de, par Augustin Thierry.

C-118.   —   (l'histoire de) mise à la portée des enfants, par Beleze.

C-119.   —   (petite histoire de), par V. Duruy.

C-120.   —   (récits de l'histoire de) et de l'histoire moderne, par Kleine.

C-121.   —   (résumé de l'histoire de), par Bodin.

C-122 à 125. Guerre de la Péninsule sous Napoléon (histoire de la), par le général Foy, 4 vol.

C-126 à 127. Grandes époques de la France (les), par Hubault et Marguerin, 2 vol.

C-128 à 129.   Id.

C-130. Grandes scenes de l'histoire moderne, par Rodière.

C-131. Grandeur des Romains (considérations sur les causes de la)
et de leur décadence, par Montesquieu.

C-132à134. Id., 3 autres exemplaires.

C-135. Grands faits (précis des) de l'histoire ancienne et de l'histoire générale du moyen-âge,
par Raffy.

C-136. — de l'histoire de France et de l'histoire moderne, par le même.

C-137. Grèce (histoire de la), par Meindre.

C-138. Histoire ancienne (leçons élémentaires sur l'), par Engrand.

C-139. — contemporaine, par Ducoudray.

C-140. — — Id.

C-141. — — (récits d'), par Kleine.

C-142. — des peuples de l'antiquité, par Le Bas.

C-143à144. — des temps modernes, par le même, 2 vol.

C-145à146. — — Id.

C-147. — — par un professeur.

C-148à149. — du moyen-âge, par Le Bas, 2 vol.

C-150. — — (l') mise à la portée des enfants,
par Belèze.

C-151 à 159. — générale (éléments d'), par l'abbé Millot, 9 vol.

C-160. — romaine, par Le Bas.

C-161. — — (précis d'), par le même.

C-162. — universelle (discours sur l'), par Bossuet.

C-163à164. — Id., en 2 vol.

C-165. — Id., 1 vol. Édit. Garnier.

C-166. Invasion (récits de l'), Alsace et Lorraine, par A. Mézières.

C-167. Irlande (histoire de l'), par É. Regnault.

C-168. Israélites (mœurs des) et des chrétiens, par Fleury.

C-169. Italie (petite histoire d'), par Parisot.

C-170 à 171. Id., 2 autres exemplaires.

C-172. Juifs (résumé de l'histoire des), par Halévy.

C-173à175. Lettres de Paul à sa famille, etc., par Walter Scott, 3 vol.

C-176. Lorraine (ce que fut jadis la), etc., par de Dumast.

C-177. — (précis de l'histoire de), par Leupol.

C-178. — (—) Id.

C-179. — (—) par Ragon.

C-180à181. — (—) Id., 2 autres exemplaires.

C-182. — (résumé de l'histoire de), par H. Étienne.

C-183. Morale de l'histoire, par Delacroix.

C-184. Mythologie du Rhin (la) et les contes de la mère-grand', par Saintine.

C-185. Navigation (histoire de la), par Zürcher et Margollé.

C-186.   Id.

C-187. Nos revers, par le général Favé.

C-188. Patrie (la), description et histoire de la France, par Barrau.

C-189 à 190. Récits des temps mérovingiens, par Augustin Thierry, 2 vol.

C-191. Remiremont (notes pour servir à l'histoire de), par Vacca.

C-192 à 199. Restaurations (histoire des deux), par de Vaulabelle, 8 vol.

C-200 à 205. Révolution d'Angleterre (histoire de la) : Charles Ier; la République et les Cromwell; le rétablissement des Stuarts; par Guizot, 6 vol.

C-206.   —   française (histoire de la), par Barrau.

C-207 à 214.   —   —   (—)   par Thiers, 8 vol.

C-215.   —   —   (résumé de l'histoire de la), par Thiessé.

C-216. Révolutions de Portugal (histoire des), par Vertot.

C-217. Russie (histoire de l'empire de), par Voltaire.

C-218 à 219.   Id., en 2 vol.

C-220. Siècle de Louis XIV (le), par Voltaire.

C-221 à 222.   Id., 2 autres exemplaires.

C-223 à 226.   Id., en 4 vol., 1 ex.

C-227. Siége de Strasbourg (le), par le Cᵗᵉ de Malartic.

C-228.   — (le) et le bombardement de Strasbourg, par Fischbach.

C-229. Système politique des États de l'Europe (manuel historique du), par Heeren.

C-230. Victoires de l'Empire (les), par Loudun.

C-231. Waterloo, par Thiers.

Histoire biographique, mémoires.

C-232. Bayard (histoire du chevalier), par de Berville.

C-233. Bienfaiteurs de l'humanité (les), par divers.

C-234. Bonheur (Rosa); Balzac; par E. de Mirecourt.

C-235. Caillié (un ouvrier voyageur : René), par Duval.

C-236. Cesar (vie de), par Plutarque.

C-237.   Id.

C-238. CHARLES XII (histoire de), par Voltaire.
C-239.　　　Id.
C-240 à 241.　　　Id., en 2 vol.
C-242. COLOMB (Christophe), par Lamartine.
C-243. CONFIDENCES (les), par le même.
C-244.　　— (nouvelles), par le même.
C-245. CROMWELL (histoire d'Olivier), par Jeudy-Dugour.
C-246 à 247.　　　Id., 2 autres exemplaires.
C-248. DAUPHIN (vie du), père de Louis XVI, sans nom d'auteur.
C-249. DEUX ANNÉES à la Bastille, par Mme de Staal-Delaunay.
C-250. DON CARLOS; conjuration des Espagnols, etc., par St-Réal.
C-251.　　　Id.
C-252. DROUOT (éloge funèbre du général), par Lacordaire.
C-253 à 254. DRYDEN (vie de John), par W. Scott, 2 vol.
C-255. DUGUAY-TROUIN, par Badin.
C-256. DU GUESCLIN (Bertrand), par É. de Bonnechose.
C-257.　　— 　　　　Id.
C-258.　　— 　　et son époque, par Jamison.
C-259. ÉLOGES historiques, par Cuvier, précédés de l'éloge de l'auteur par P. Flourens.
C-260. FÉNELON, par Lamartine.
C-261. FRANKLIN (vie de), par Mignet.
C-262 à 263.　　　Id., 2 autres exemplaires.
C-264. GIRARD (Philippe de), par Baudrillart.
C-265.　　　Id.
C-266. GRANDS HOMMES de la France (les): hommes de guerre, par Gœpp.
C-267. GUILLAUME TELL; Bernard de Palissy; par Lamartine.
C-268. GUTENBERG, par le même.
C-269. HENRI le Grand (histoire du roi), par Péréfixe, édit. Vaillant.
C-270. HÉROS du travail (les), par Flammarion.
C-271. HOCHE (Lazare), par É. de Bonnechose.
C-272 à 275. HOMMES illustres (les vies des), par Plutarque, 4 vol.
C-276. INGÉNIEURS (les grands), par de Comberousse.
C-277. INVENTEURS célèbres (deux), par le Bon Ernouf.
C-278.　　　Id.
C-279. JACQUARD, par Lamartine.
C-280. JACQUES CŒUR et Charles VII, l'administration, les finances, etc. au XVe siècle, par P. Clément.

C-281. Jean Bart, par Badin.
C-282. Jeanne d'Arc, par Wallon.
C-283.   —   Id.
C-284.   —   (histoire de), par de Barante.
C-285. Jeanne Darc (histoire de), par Villiaumé.
C-286. La Harpe (vie de), par de Merlhiac.
C-287. Law (histoire de), par Thiers.
C-288. Lincoln (Abraham), sa vie, son caractère, son administration, par C. Pascal.
C-289. Louis XI et Charles-le-Téméraire, par Michelet.
C-290. Manin (Daniel), par H. Martin.
C-291. Marins les plus célèbres (les), par de Montrond.
C-292 à 293. Mémoires de Beaumarchais, 2 vol.
C-294 à 298.   —   Id., en 5 vol.
C-299 à 300.   —   de Mme Roland, 2 vol.
C-301 à 304.   —   Id., en 4 vol.
C-305 à 316.   —   d'outre-tombe, par Chateaubriand, 12 vol.
C-317.   —   sur la Bastille, par Linguet.
C-318 à 319.   —   Id., 2 autres exemplaires.
C-320. Mes prisons, par Silvio Pellico.
C-321 à 322. Napoléon (entretiens sur la vie de), par Marco St-Hilaire, 2 vol.
C-323 à 324.   —   (histoire de) et de la grande armée pendant l'année 1812, par de Ségur, 2 vol.
C-325.   —   Ier (histoire anecdotique de), par du Casse.
C-326 à 329.   —   — (histoire de), par Lanfrey, 4 vol. parus.
C-330.   —   — (mémoires sur l'enfance et la jeunesse de), par Nasica.
C-331. Nelson, par Lamartine.
C-332. Ouvriers anglais (histoire de quatre), par Jonveaux.
C-333.   —   français (histoire de trois), par le Bon Ernouf.
C-334.   —   Id.
C-335.   —   (les grands), par Simonin.
C-336. Ouvriers *selon Dieu* (les) et leurs œuvres, par de Triqueti ; savoir :   Séries I-II. B. Palissy, etc.
C-337.   —   III. Élisabeth Fry, etc.
C-338.   —   IV. Laura Bridgman, etc.
C-339.   —   V. G. Stephenson, etc.
C-340.   —   VI. Samuel Brew, etc.

C-341. Ouvriers *selon Dieu* (les). VII. Ch. Linné, etc.
C-342 à 343. — VIII et IX. Le travail, etc., 2 parties.
C-344 à 345. — X et XI. Le Chien de Hogg, etc., 2 parties.
C-346. — XII. James Watt, etc.
C-347. Peintres célèbres (dix), par des Essarts.
C-348. Prince royal (le), par J. Janin, 1842.
C-349. Rapp (le général), par Spach.
C-350. Richelieu (le cardinal de), par Corne.
C-351. Roi de Bourges (le), par de la Porte des Vaulx.
C-352 à 353. Saint François Xavier (vie de), par le P. Bouhours, 2 vol.
C-354. Saint Louis (histoire de), par Joinville.
C-355. — roi de France (vie de), sans nom d'auteur.
C-356. Saint Louis *de Gonzague* (vie de), par le P. Cepari.
C-357. Souvenirs de la guerre de Crimée, par Ch. Fay.
C-358. — d'un officier du 2e de zouaves, par du Casse.
C-359. — d'un Sibérien, par Piotrowski.
C-360. — d'un zouave, par L. Noir.
C-361. — militaires de 1804 à 1814, par le duc de Fezensac.
C-362 à 363. Stanislas (histoire de), par Proyart, 2 vol.
C-364 à 365. Swift (mémoires historiques sur), par W. Scott, 2 vol.
C-366. Trois pauvres enfants (histoire de), par Charton.
C-367. Washington (histoire de) et de la fondation de la République des États-Unis, par Guizot et de Witt.

Série D. — Géographie, descriptions, Voyages.

D-1. Afrique (deux ans en), par de Quivières.
D-2. — ouverte (l'), par Paumier.
D-3. — (voyage dans le S.-O. de l'), abrégé de Baines.
D-4. Algérie française (l'), par la C^{sse} Drohojowska.
D-5. Allemagne contemporaine (l'), par Bourloton.
D-6. — (le voyageur en) et en Suisse, par Reichard.
D-7. Américains (mœurs domestiques des), par mistress Trollope.
D-8 à 10. Amérique septentrionale (voyages dans l'intérieur de l'), par Mackenzie, 3 vol.

D-11. Andes (scènes et paysages dans les), par Marcoy.

D-12. Angleterre (notes sur l'), par Taine.

D-13. Arabie centrale (une année dans l'), abrégé de Palgrave.

D-14. Asie centrale (voyages d'un faux derviche dans l'); abrégé de Vambéry.

D-15. Atlas (le premier), par Huré.

D-16. Australie (l'), par le Cte de Beauvoir.

D-17. Belgique et Hollande, par Baedeker.

D-18. Bordeaux, ses environs et ses vins, par Cocks.

D-19. Caprices et zigzags, par Th. Gautier.

D-20. Ceylan (l'île de), par Sachot.

D-21. Chine (la vie réelle en), par Milne.

D-22. Constantinople, par Th. Gautier.

D-23. Dick Moon en France, par Francis Wey.

D-24. Dictionnaire géographique portatif de Vosgien.

D-25. Égypte (l'), par le P. Laorty-Hadji.

D-26. — (l') et le canal de Suez, par la comtesse Drohojowska.

D-27 à 30. États-Unis de l'Amérique septentrionale (description des) par Warden, 4 vol.

D-31. Femme (voyage d'une) au Spitzberg, par Mme d'Annet.

D-32. — (—) autour du monde, par Mme Pfeiffer.

D-33. — (—) Id.

D-34. France (géographie de la), par Dorgère.

D-35. — (—) par Eysséric.

D-36. — (la), par Kleine.

D-37. — (la) considérée dans ses relations avec l'étranger, géographie générale du commerce et de l'industrie, par Pigeonneau.

D-38. — (les richesses de la), par Kleine.

D-39. — Id.

D-40. — (petite géographie de la), revue par Belin-de-Launay.

D-41 à 42. — Id., 2 autres exemplaires.

D-43. Frontières de la France (les), par Lavallée.

D-44. Géographie commerciale des cinq parties du monde (abrégé de la), par Pigeonneau.

D-45. — générale, par Fléchambault.

D-46. — (la première), par Huré.

D-47. Géographie moderne (petite), par Ansart.

D-48.   —   par voyages (abrégé de), par Alvarès.

D-49.   —   physique, par Maury, trad. Zürcher et Margollé.

D-50.   —   physique et politique (abrégé de), 1re partie, par Cortambert.

D-51.   —   Id.

D-52.   —   (précis de), par Bacharach.

D-53.   —   (—) 1re année, par Raffy.

D-54. Golfe de Californie (voyage au), par Combier.

D-55.   Id.

D-56. Hollande (promenade en), par Mme Colet.

D-57 à 58. Inde anglaise (l'), par le Cte de Warren, 2 vol.

D-59. Japon contemporain (le), par Fraissinet.

D-60. Lyon (de) à la Méditerranée, par Bernard.

D-61. Marine d'aujourd'hui (la), par le vice-amiral Jurien de la Gravière.

D-62. Mers polaires (journal d'un voyage aux), à la recherche de Franklin, par Bellot.

D-63. Meurthe (la), avec gravures et carte, par Joanne.

D-64. Monde (le), par Kleine.

D-65. Nouvelle-Calédonie (la), par J. Garnier.

D-66 à 67. Paris (de) à Cadix, par Al. Dumas, 2 vol.

D-68. Plombières et ses environs, par Lemoine.

D-69 à 71. Rhin (le), par V. Hugo, 3 vol.

D-72. Russie (lettres sur la), la Finlande et la Pologne, par Marmier.

D-73. Saint-Gengoult de Toul (notice historique et descriptive de l'église), par l'abbé Bagard.

D-74 à 78. Scènes et aventures de voyages, par Vulliet, 5 vol.

D-79 à 80. Seize mille lieues à travers l'Asie et l'Océanie, par le comte Russell-Killough, 2 vol.

D-81. Siam (voyages dans les royaumes de); Cambodge, etc., abrégé de Mouhot.

D-82. Syrie (la), la Palestine et la Judée, par le P. Laorty-Hadji.

D-83 à 85. Terre-Ferme (voyage à la partie orientale de la), par Depons, 3 vol.

D-86. Terre-Sainte (description de la) par Bræhm.

D-87.   —   (impressions d'un pèlerin de), par l'abbé Becq.

D-88. Tueur de lions (le), par J. Gérard.

D-89. Vie de village (la) en Angleterre, par l'auteur de la vie de Channing.

D-90. Vies et aventures des voyageurs, par Mᵐᵉ Woillez.

D-91 à 102. Voyages *autour du monde*, mis en ordre par W. Smith, 12 vol.

Série E. — Littérature.

(1ᵉ Théâtre; 2ᵉ Ouvrages divers de littérature; 3ᵉ Langues étrangères.)

Théâtre.

E-1. Beaumarchais : Le Barbier de Séville.

E-2.   —   Id.

E-3. Bouilhet (L.) : Faustine.

E-4 à 7. Collin-Harleville : Œuvres, 4 vol.

E-8. Corneille (P.) : Chefs-d'œuvre.

E-9.   —   Id.

E-10 à 11.   —   Id., en 2 vol.

E-12.   —   Cinna.

E-13.   —   Horace.

E-14.   —   Théâtre, édit. Garnier.

E-15.   —   Id.

E-16. Goethe : Faust.

E-17 à 22. Leclercq : Proverbes dramatiques, 6 vol.

E-23. Manuel (Eug.) : Les Ouvriers.

E-24 à 25. Molière : Chefs-d'œuvre, 2 vol.

E-26 à 28.   —   Id., 3 vol.

E-29 à 32.   —   Id., 4 vol.

E-33 à 38.   —   Œuvres, 6 vol.

E-39.   —   Théâtre choisi.

E-40. Piron : La Métromanie.

E-41.   —   Id.

E-42. PONSARD : Galilée.
E-43.   —   L'Honneur et l'Argent.
E-44.   —   Le Lion amoureux.
E-45.   —   Lucrèce.
E-46. RACINE (J.) : Athalie.
E-47.   —   Athalie. Esther.
E-48 à 49.   —   Chefs-d'œuvre, 2 vol.
E-50.   —   Esther.
E-51.   —   Esther. Athalie.
E-52.   —   Id.
E-53 à 57.   —   Œuvres, 5 vol.
E-58 à 62.   —   Id.
E-63.   —   Théâtre complet, édit. Garnier, 1 vol.
E-64. SARDOU (V.) : La Famille Benoiton.
E-65. SCHILLER : Les Brigands.
E-66.   —   Id.
E-67.   —   Guillaume Tell.
E-68 à 69.   —   Id., 2 autres exemplaires.
E-70. SEDAINE : Le Philosophe sans le savoir.
E-71 à 73. SHAKSPEARE : Chefs-d'œuvre, 3 vol.
E-74. THÉATRE CLASSIQUE, édit. Dezobry.
E-75 à 78. VOLTAIRE : Chefs-d'œuvre dramatiques, 4 vol.

Ouvrages divers de littérature.

E-79. BÉRANGER des familles (le).
E-80. BOILEAU : Œuvres.
E-81 à 85.   —   Id., en 5 vol.
E-86.   —   Œuvres poétiques.
E-87.   —   Satires ; le Lutrin.
E-88 à 89.   —   Id., 2 autres exemplaires.
E-90 à 91. BOSSUET : Oraisons funèbres, 2 vol.
E-92 à 93. BRIZEUX : Œuvres complètes, 2 vol.
E-94. BYRON (lord) : Le Corsaire, etc.
E-95.   —   Id.
E-96 à 97. CHASLES (Ém.) : Histoire abrégée de la littérature française, 2 vol.
E-98 à 99.   —   Id.

E-100. COURIER (P. L.) : Lettres écrites de France et d'Italie.
E-101.   —   Id.
E-102. DANTE : L'Enfer.
E-103 à 104.   —   Id., en 2 vol.
E-105.   —   La Vie nouvelle; la Divine Comédie.
E-106. DELILLE : Œuvres choisies.
E-107. DESBORDES-VALMORE (Mme) : Les Poésies de l'enfance.
E-108. DIDEROT : Paradoxe sur le Comédien.
E-109.   —   Id.
E-110 à 113. DUCIS : Œuvres, 4 vol.
E-114. EICHHOFF : Tableau de la littérature du nord au moyen-âge.
E-115. FÉNELON : Aventures de Télémaque.
E-116.   —   Id.
E-117 à 119.   —   Id., en 3 vol.
E-120.   —   Dialogues sur l'éloquence.
E-121.   —   Morceaux choisis, par Didier.
E-122.   —   Morceaux choisis de Fénelon, Bossuet, etc., publ.
              Rion.
E-123. FEUGÈRE : Classiques français, chefs-d'œuvre d'éloquence.
E-124.   —   —   de poésie.
E-125.   —   —   de prose.
E-126.   —   extraits de prose.
E-127. FIOT (Mlles) : Fables nouvelles.
*[E-251.] GÉRUZEZ : Cours de littérature.
E-128 à 130. GESSNER : Œuvres, 3 vol.
E-131. GOETHE : Hermann et Dorothée.
E-132.   —   Id.
E-133.   —   Werther.
E-134.   —   Id.
E-135. GRESSET : Œuvres choisies.
E-136.   —   Id.
E-137. HINARD (Damas) : La Fontaine et Buffon.
E-138 à 140. HOFFMAN, de Nancy : Œuvres choisies, dramatiques et cri-
              tiques; 3 vol.
E-141 à 149.   —   Autre choix en 9 vol.
E-150. HORACE : Poésies.
E-151 à 152.   —   Id., en 2 vol.

(*) Ouvrage admis depuis la création du nouveau numérotage.

E-153. Hugo (V.) : Les Chants du crépuscule.
E-154. — Les Feuilles d'automne ; les Chants du crépuscule.
E-155. — Hernani.
E-156. Florian : Fables.
E-157. Klopstock : Odes choisies.
E-158. Lachambeaudie : Fables.
E-159. La Fontaine : Fables.
E-160. — Id.
E-161 à 162. — Id., en 2 vol.
E-163. — Id., 1 vol., notes par Lemaistre.
E-164. — Soixante fables choisies, publ. Rion.
E-165. Lamothe-Langon : Les Merveilles de la Nature, poème.
E-166. Lonlay (Mis de) : Derniers jours de bonheur.
E-167 à 168. Louandre : Histoire de la littérature française par les monu-
ments, 2 vol.
E-169. Maistre (X. de) : Œuvres complètes.
E-170. — Voyage autour de ma chambre, etc.
E-171. Malherbe : Poésies.
E-172. Massillon : Morceaux choisis.
E-173. — Petit Carême.
E-174 à 175. Noel et Stoeber : Leçons allemandes de littérature et de
morale.
E-176. Prévost : Morceaux choisis et traduits des classiques alle-
mands.
E-177. Rozan : Les Petites Ignorances de la conversation.
E-178. Saint-Lambert : Les Saisons.
E-179 à 180. Sévigné, *Grignan, Simiane et Maintenon* (Mmes de) : Let-
tres choisies, 2 vol.
E-181 à 183. — Id., en 3 vol.
E-184 à 186. Souvestre (Ém.) : Causeries littéraires et historiques, trois
séries.
E-187 à 188. Staaff (colonel) : La Littérature française, lectures choisies,
2 très-forts vol.
E-189 à 191. Staël (Mme de) : Corinne ou l'Italie, 3 vol.
E-192. Tasse (le) : La Jérusalem délivrée.
E-193. Turles : Tableau historique des littératures anciennes et des
littératures modernes.
E-194. Villemain : Discours et mélanges littéraires.
E-195. — Nouveaux mélanges historiques et littéraires.

E-196. **Villemain** : La République de Cicéron, texte latin avec traduction.
B-197. **Virgile** : Les Bucoliques, trad. en vers par de Langeac.
E-198 à 201. **Walter Scott** : Chants populaires de l'Écosse, 4 vol.
E-202 à 203. — Essais littéraires, 2 vol.
E-204 à 205. — Histoire générale de l'art dramatique, 2 vol.
E-206. — Le Lai du dernier ménestrel.
E-207. — Id. ; Rokeby ; le Lord des îles.
E-208. — Le Lord des Iles, etc.
E-209. — Marmion ; la Dame du lac.
E-210 à 211. — Mathilde de Rokeby, 2 vol.
E-212. — Vision de don Rodrigue.

Langues étrangères.

E-213. **Adler-Mesnard** : Nouveau Dictionnaire français-allemand et allemand-français.
E-214. — Erstes deutsches Lesebuch.
E-215. **Ahn** : Nouvelle Méthode pratique et facile pour apprendre la langue allemande, second cours.
E-216. **Chastel** : Kleine wissenschaftliche Terminologie (all.-fr.).
E-217. **Gatt** (Dr) : La Conversation française, ou franco-allemande.
E-218. **Gessner** : Der Tod Abels.
E-219. **Kohlrausch** : Die Deutsche Geschichte.
E-220 à 222. **Noesselt** : Handbuch der Geographie, 3 b.
E-223. — Lehrbuch der deutschen Literatur.
E-224 à 226. — — der Weltgeschichte, 3 b.
E-227. **Savoye et Driesch** : Germania, morceaux allemands choisis.
E-228. **Schiller** : Wilhelm Tell.
E-229. **Schmid** : Die Ostereier.
E-230. **Suckau** (de) : Cours complet de langue et de littérature allemandes.

Série F. — Romans, Nouvelles, ouvrages de fiction.

F-1. ABOUT (E.) * : Germaine.
F-2.   —   Maître Pierre.
F-3.   —   Le Roi des Montagnes.
F-4 à 5. ACHARD (A.) : Misères d'un millionnaire, 2 vol.
F-6. AUTEUR (l') *des Horizons prochains* : Camille.
F-7. AUTEURS *divers* : L'Obole des conteurs.
F-8 à 9. BALZAC : César Birotteau, 2 vol.
F-10.   —   Eugénie Grandet.
F-11.   —   Le Lis dans la Vallée.
F-12. BEECHER STOWE (mistress) : La Case de l'oncle Tom.
F-13.   —   Id.
F-14.   —   La Fiancée du ministre.
F-15 à 16. BRADDON (miss) : L'Allée des Dames, 2 vol.
F-17. BREMER (Mlle) : Le Foyer domestique.
F-18.   —   Les Voisins.
F-19 à 20. BULWER LYTTON : Le Dernier des barons, 2 vol.
F-21.   —   Les Derniers jours de Pompéi.
F-22.   —   Id.
F-23 à 24.   —   Devereux, 2 vol.
F-25 à 26.   —   Mémoires de Pisistrate Caxton, 2 vol.
F-27 à 28.   —   Mon roman, 2 vol.
F-29.   —   Paul Cliffort.
F-30 à 31.   —   Qu'en fera-t-il ? 2 vol.
F-32 à 33.   —   Rienzi, 2 vol.
F-34. CARRAUD (Mme) : Une Servante d'autrefois.
F-35.   —   Id.
F-36. CERVANTÈS : Don Quichotte.
F-37 à 40.   —   Id., en 4 vol.
F-41 à 42. CHATEAUBRIAND : Les Martyrs, 2 vol.
F-43 à 44.   —   Id.
**[F-296 à 297.] COLLINS (Wilkie) : La Pierre de Lune, 2 vol.

(*) Dans cette série et dans la précédente, l'ordre alphabétique procède *par noms d'auteurs* : il procède dans presque tout le reste *par titres d'ouvrages* : on conçoit aisément le motif de ce double arrangement.

(**) Ouvrage admis depuis la création du nouveau numérotage.

F-45. CONSCIENCE : Le Conscrit.
F-46.   —   Le Guet-apens.
F-47 à 48.   —   Scènes de la vie flamande, 2 séries.
F-49. COOPER (F.) : Le Corsaire rouge.
F-50.   —   Le Dernier des Mohicans.
F-51 à 52.   —   Id., 2 autres exemplaires.
F-53 à 56.   —   L'Heidenmauer, 4 vol.
F-57.   —   Le Lac Ontario.
F-58.   —   Le Pilote.
F-59.   —   Les Pionniers.
F-60.   —   La Prairie.
F-61.   —   Id.
F-62 à 65.   —   Id., en 4 vol.
F-66. CUMMINS (miss) : L'Allumeur de réverbères.
F-67.   —   Id.
F-68 à 69. CURRER BELL : Jane Eyre, 2 vol.
F-70.   —   Le Professeur.
F-71 à 72.   —   Shirley et Agnès Grey, 2 vol.
F-73. DASCONAGUERRE : Les Échos du Pas de Roland.
F-74. DELESTRE-POIRSON : Un Ladre.
F-75. DICKENS : L'Abîme.
F-76 à 77.   —   Barnabé Rudge, 2 vol.
F-78 à 79.   —   Bleak House, 2 vol.
F-80.   —   Contes de Noël.
F-81.   —   Id.
F-82 à 83.   —   Le Neveu de ma tante, ou David Copperfield, 2 v.
F-84 à 85.   —   Vie et aventures de Nicolas Nickleby, 2 vol.
F-86 à 87. DISRAÉLI : Sybil, 2 vol.
F-88. ERCKMANN-CHATRIAN : L'Ami Fritz.
F-89.   —   Le Blocus.
F-90.   —   Id.
F-91.   —   Contes de la Montagne.
F-92.   —   Histoire d'un conscrit de 1813.
F-93.   —   Id.
F-94.   —   Histoire d'un homme du peuple.
F-95.   —   Histoire d'un paysan de 1789.
F-96 à 97.   —   Id, 2 autres exemplaires.
F-98.   —   Histoire d'un paysan, 1792.
F-99 à 104. —   Id., 6 autres exemplaires.

F-105. ERCKMANN-CHATRIAN : Histoire d'un paysan, 1793.
F-106.　　—　　　　Histoire d'un paysan, 1794 à 1815.
F-107.　　—　　　　L'Invasion, ou le Fou Yégof.
F-108.　　—　　　　Id.
F-109.　　—　　　　Madame Thérèse.
F-110.　　—　　　　Id.
F-111.　　—　　　　Maître Daniel Rock.
F-112.　　—　　　　Waterloo.
F-113 à 114. FERRY : Le Coureur des Bois, 2 vol.
F-115. FEUILLET (O.) : Le Roman d'un jeune homme pauvre.
*[F-298.] FLEURIOT (Mlle) : Une Parisienne sous la foudre.
F-116 à 118. FREYTAG : Doit et avoir, 3 vol.
F-119. GASKELL (mistress) : Ruth.
F-120.　　—　　　Id.
F-121. GOLDSMITH : Le Vicaire de Wakefield.
F-122. GOTTHELF : L'Ame et l'argent.
F-123. HACKLÆNDER : Boutique et comptoir.
**[F-299.] HOFFMANN : Contes fantastiques choisis.
F-124. JUSSIEU (L. de) : Histoire de Cloud Grangambe.
F-125. LABOULAYE (Éd.) : Abdallah, etc.
F-126.　　—　　　　Souvenirs d'un voyageur.
F-127. LAMARTINE : Geneviève.
F-128.　　—　　　Id.
F-129.　　—　　　Le Tailleur de pierres de Saint-Point.
F-130.　　—　　　Id.
F-131. LE SAGE : Gil Blas.
F-132. LIVONNIÈRE (de) : Otto Gartner.
F-133. MAISTRE (X. de) : Les Prisonniers du Caucase, etc.
F-134.　　—　　　　Id.
F-135 à 136. MARLITT : Le Secret de la Vieille Demoiselle, 2 vol.
F-137. MARMIER : En Alsace. L'Avare et son Trésor.
F-138.　　—　　Hélène et Suzanne.
F-139.　　—　　Histoire d'un pauvre musicien.
F-140 à 141. MARRYAT (capitaine) : Le Petit Sauvage, 2 vol.
F-142. MERIMEE : Colomba, suivi de la Mosaïque.
F-143. POE (Edg.) : Aventures d'Arthur Gordon Pym.
F-144. POUSCHKINE : La Fille du capitaine.

F-145. Richard : La Kaisersburg d'Alsace.
F-146. Roger (Ar.): Voyage sous les flots.
F-147. Saint-Germain (J. T. de): Le Chalet d'Auteuil.
F-148.   —   La Feuille de coudrier et la Fontaine de Médicis.
F-149.   —   Mignon.
F-150.   —   Pour une épingle.
F-151. Saint-Pierre (Bernardin de): Paul et Virginie.
F-152 à 153.   —   Id., 2 autres exemplaires.
F-154. Saintine : Picciola.
F-155. Sand (George): Adriani.
F-156.   —   Les Dames vertes.
F-157.   —   François le Champi.
F-158 à 160.   —   L'Homme de neige, 3 vol.
F-161.   —   La Mare au Diable.
F-162.   —   Pauline, etc.
F-163.   —   La Petite Fadette.
F-164 à 165.   —   Le Piccinino, 2 vol.
F-166. Sandeau (J.) : Un Début dans la magistrature; le Château de Montsabrey, etc.
F-167.   —   Le Docteur Herbeau.
F-168.   —   Madeleine.
F-169.   —   Mademoiselle de la Seiglière.
F-170. Souvestre (Ém.): Au coin du feu.
F-171.   —   Chroniques de la mer.
F-172.   —   Les Clairières.
F-173.   —   Confessions d'un ouvrier.
F-174 à 175.   —   Id., 2 autres exemplaires.
F-176.   —   Dans la prairie.
F-177.   —   Les Derniers Bretons.
F-178.   —   En quarantaine.
F-179 à 180.   —   Le Foyer Breton, 2 séries.
F-181.   —   Le Mémorial de famille.
F-182.   —   Id.
F-183.   —   Un Philosophe sous les toits.
F-184.   —   Id.
F-185.   —   Scènes de la chouannerie.
F-186.   —   Les Soirées de Meudon.
F-187.   —   Sous les filets.

F-188. SOUVESTRE (Ém.) : Souvenirs d'un vieillard, la dernière étape.
F-189. — Id.
F-190. SWIFT : Voyages de Gulliver.
F-191 à 192. — Id., en 2 vol.
F-193 à 194. THACKERAY : La Foire aux vanités, 2 vol.
F-195. TOPFFER : Nouvelles genevoises.
F-196. — Rosa et Gertrude.
F-197. VERNE (J.):Les Anglais au pôle nord.
F-198. — Cinq semaines en ballon.
F-199. — Id.
F-200. — De la terre à la lune.
F-201. — Le Désert de glace.
F-202. — Vingt mille lieues sous les mers.
F-203. — Voyage au centre de la terre.
F-204. VILBORT : Les Héroïnes, nouvelles polonaises.
F-205. WALTER SCOTT : L'Abbé.
F-206. — Anne de Geierstein.
F-207. — L'Antiquaire.
F-208. — Id.
F-209 à 212. — Id., en 4 vol.
F-213. — Les Aventures de Nigel.
F-214 à 215. — Le Château dangereux (ou périlleux), 2 vol.
F-216. — Id., suivi des Eaux de Saint-Ronan ; 1 volume.
F-217. — Les Chroniques de la Canongate.
F-218 à 221. — Id., en 4 vol.
F-222. — La Fiancée de Lammermoor.
F-223 à 225. — Id., en 3 vol.
F-226. — Id., suivi d'Une Légende de Montrose ; 1 volume.
F-227. — Les Fiancés.
F-228. — Guy Mannering.
F-229. — Id.
F-230 à 233. — Id., en 4 vol.
F-234. — Ivanhoe.
F-235. — La Jolie Fille de Perth.
F-236. — Le Jour de saint Valentin.
F-237. — Kenilworth.
F-238. — Le Monastère.

F-239. WALTER SCOTT : Le Nain (ou Nain noir).
F-240.   —   Id., suivi d'œuvres diverses.
F-241.   —   Peveril du Pic.
F-242 à 246.   —   Id., en 5 vol.
F-247.   —   Le Pirate.
F-248.   —   Id.
F-249 à 252.   —   Id., en 4 vol.
F-253.   —   La Prison d'Édimbourg (ou du Midlothian).
F-254.   —   Id.
F-255 à 258.   —   Id., en 4 vol.
F-259.   —   Les Puritains d'Écosse, ou le Vieillard des tombeaux.
F-260 à 263.   —   Id., en 4 vol.
F-264.   —   Quentin Durward.
F-265 à 267.   —   Id., 3 autres exemplaires.
F-268 à 271.   —   Id., en 4 vol.
F-272.   —   Redgauntlet.
F-273 à 276.   —   Id., en 4 vol.
F-277 à 280.   —   Id.
F-281.   —   Robert de Paris.
F-282 à 285.   —   Id., en 4 vol.
F-286.   —   Rob-Roy.
F-287.   —   Le Talisman.
F-288.   —   Waverley.
F-289.   —   Id.
F-290.   —   Woodstock.
F-291. WETHERELL (miss): Le Monde, le vaste monde.
F-292 à 293. YONGE (miss): La Chaîne de marguerites, 2 vol.
F-294 à 295.   —   Violette, Heartsease; 2 vol.

Série G. — Sciences et Industrie.

(1° Mathématiques, arpentage et dessin linéaire; 2° Sciences
physiques, histoire naturelle, industrie.)

Mathématiques, arpentage et dessin linéaire.

G-1. ALGÈBRE élémentaire, par Guilmin.
G-2. ARITHMÉTIQUE, par Collin.
G-3.   —   à l'usage des classes d'humanités, par Vernier.
G-4.   —   commerciale (cours d'), par E. André.
G-5.   —   élémentaire, par Gossin.
G-6.   —   (éléments d'), par Pichot.
G-7.   —   en 22 leçons, par George.
G-8.   —   (la première), par Huré.
G-9.   —   simplifiée, publ. Rion.
G-10.   —   (traité d'), par Eysséric et Gautier.
G-11.   —   (—) par Reynaud.
G-12. ARPENTAGE (traité d'), publ. Rion.
G-13.   —   (traité élémentaire d'), par Lamotte.
G-14.   —   Id.
G-15. DESSIN LINÉAIRE (petit) des commençants, par Chardon.
G-16.   —   (principes de), publ. Rion.
G-17. GÉOMÉTRIE (cours élémentaire de), par Guilmin.
G-18.   —   élémentaire, par Bos.
G-19.   —   (éléments de), par Legendre.
G-20.   —   (—)   Id.
G-21.   —   (—) publ. Rion.
G-22.   —   (essais de) sur les plans et surfaces courbes, par
    Lacroix.
G-23.   —   (notions de), par Faye.
G-24.   —   pratique (notions de) et d'arpentage, par Eys-
    séric.
G-25. SPHÈRE (introduction à la connaissance de la), par Lacroix.
G-26. SYSTÈME MÉTRIQUE (entretiens sur le), par Bonnaire.
G-27.   —   (guide des instituteurs, etc.), par Thirion.
G-28.   —   (leçons sur le), par le même.

Sciences physiques, histoire naturelle, industrie.

G-29. Acoustique (les merveilles de l'), par Radau.

G-30. Air (petit cours de la science de l'), par Joyce.

G-31. Animaux à métamorphoses (les), par Meunier.

G-32. Arts *physico-chimiques* (entretiens sur les procédés des), par Quenot.

G-33. Ascensions célèbres (les), par Zürcher et Margollé.

G-34. Astronomie (lettres à Palmyre sur l'), par Liskenne.

G-35. — (précis de l'histoire de l'), par Laplace.

G-36. Ballons (les) et les voyages aériens, par Marion.

G-37. Id.

G-38. Botanique, par A. de Jussieu.

G-39. — des écoles primaires, par Lasaulce.

G-40. — élémentaire, par Ysabeau.

G-41. — — (cours de), par Rodet.

*[G-271.] — — (principes de), par Boitard, formant la 1re partie de la Botanique Roret.

G-42. — (éléments de), classification et usages des plantes; enseignement secondaire spécial.

G-43. — (entretiens sur la), par Fée.

G-44. — (la) au village, par H. Berthoud.

G-45 à 47. — Id., 3 autres exemplaires.

G-48. — (nouveaux éléments de), par A. Richard, édit. augm.

G-49. — (physique végétale, ou éléments de), par Douy.

G-50. Boutique de la marchande de poissons (la), par Deherrypon.

G-51. Brin d'herbe (la vie d'un), par Jules Macé.

G-52 à 53. Causeries scientifiques, découvertes et inventions, par de Parville, années 1866 et 1869.

G-54. Chaleur intérieure du globe (la), par Daubrée.

G-55. Chambre noire (la) et le microscope, par Girard.

G-56. Chandelle (histoire d'une), par Faraday.

G-57 à 61. Chauffage (cinq mémoires sur le), l'éclairage, la réfrigération et la ventilation des édifices publics, par Boudin.

(*) Ouvrage admis depuis la création du nouveau numérotage.

G-62. Chemins de fer (les), par Guillemin.

G-63. — (les), par Perdonnet.

G-64. — (les) français, par Bois.

G-65. Chimie (cours élémentaire de), par Debray.

G-66. — (éléments de), par Dehérain et Tissandier.

G-67. — (—) publ. Rion.

G-68. — (la) enseignée par la biographie de ses fondateurs, par Hœfer.

G-69 à 72. — (leçons élémentaires de), par Malaguti, 4 vol.

G-73. — (notions préliminaires de), par Dehérain et Tissandier.

G-74. Ciel (le), par Fabre.

G-75 à 76. Id., 2 autres exemplaires.

G-77. Corps humain (entretiens sur l'organisation du), par Broc.

G-78. Cosmographie (cours élémentaire de), par Focillon.

G-79. Id.

G-80. Découvertes et inventions modernes, par de Parville, 1re série.

G-81 à 84. — scientifiques modernes (exposition et histoire des principales), par L. Figuier, 4 vol.

G-85 à 106. Dictionnaire universel des arts et métiers, ou technologique, par une Société de savants et d'artistes, 22 vol.

G-107 à 128. Id.
[Voir, pour l'Atlas, aux grands formats.]

G-129. Eaux-Bonnes (recherches cliniques sur les), par Cazenave.

G-130. Éclairage au gaz (de l'), par R. d'Hurcourt.

G-131. — (l'), par Payen.

G-132. Éclairs et tonnerre, par W. de Fonvielle.

G-133. Étoiles filantes (les), par Zürcher et Margollé.

G-134. Études de la Nature, par Bernardin de St-Pierre.

G-135. Feuille de papier (histoire d'une), par Pizzetta.

G-136. Id.

*[G-272 à 274]. Flore française, par Boisduval, formant la 2e partie de la Botanique-Roret, 3 vol.

G-137. Fulton, G. et R. Stephenson, ou les bateaux à vapeur et les chemins de fer, par Janin.

G-138. Géologie (éléments de), par Raulin.

G-139. Glaciers (les), par Zürcher et Margollé.

(*) Ouvrage admis depuis la création du nouveau numérotage.

G-140. GRAIN DE SEL (histoire d'un), par Villain.

G-141. GRANDS PHÉNOMÈNES (les), par Benoit.

G-142. GROTTES et cavernes, par Badin.

G-143. HABITATIONS merveilleuses (les), par L. Rousseau.

G-144 à 145. HISTOIRE NATURELLE (abrégé d'), par Mary Trumer, 2 vol.

G-146.   —   (causeries sur l'), par Roulin.

G-147.   —   (cours d'), par de Montmahou, 1re année.

G-148.   —   élémentaire, par Ysabeau.

G-149.   —   (éléments d'), avec applications à l'agriculture et à l'industrie, par Gossin.

G-150.   —   (manuel d'), par Langlebert.

G-151.   —   (précis d'), par Milne-Edwards.

G-152.   —   (premières leçons d'), par Focillon.

G-153. HOUILLE (la), par Tissandier.

G-154. HYDRAULIQUE (les merveilles de l'), par Marzy.

G-155. HYDROGÈNE (gaz) extrait de l'eau, sans nom d'auteur.

G-156. IMPRIMERIE (histoire de l'), par P. Dupont.

G-157 à 158. INDUSTRIE française (histoire de l') et des gens de métiers, par Monteil, suppl. par Louandre, 2 vol.

G-159.   —   manufacturière (premiers éléments d'), par Leguidre.

G-160.   —   moderne (l'), par Fortoul, 1re partie.

G-161 à 162.   —   Id., 1re et 2e parties.

G-163 à 164.   —   Id., id.

G-165. INTELLIGENCE des animaux (les merveilles de l'), par Menault.

G-166. INVENTIONS et découvertes, par Gaumont.

G-167.   —   scientifiques et industrielles (les grandes), par L. Figuier.

G-168. LECTURES (simples) sur les sciences, les arts et l'industrie, par Garrigues et de Monvel.

G-169. LUMIÈRE électrique (de la), par Guébhard.

G-170 LUNE (la), par Guillemin.

G-171.   Id.

G-172 à 173. MACHINES à vapeur (manuel des) appliquées à l'industrie, par Janvier, 2 vol.

G-174. MA MAISON, histoire familière de mon corps, par Hughes.

G-175. MAMMIFÈRES (les), entretiens mêlés de réflexions morales, par Lasaulce.

G-176. Mécanique (cours élémentaire de), par Collignon.

G-177.   —   des écoles primaires, par Bergery.

G-178.   —   (éléments de), publ. Rion.

G-179. Menuisier pratique (le), avec dictionnaire et planches, par Delamarre.

G-180. Menus propos sur les sciences, par F. Hément.

G-181.   Id.

G-182. Mer (la) et les continents, leur parenté, par Daubrée.

G-183.   — (le fond de la), par Renard.

G-184. Métamorphoses des insectes (les), par Girard.

G-185. Météores (les), par Margollé et Zürcher.

G-186.   Id.

G-187. Minéralogie des écoles primaires, par Lasaulce.

G-188.   —   et géologie, par Beudant.

G-189.   —   Id.

G-190. Minéraux usuels (histoire élémentaire des), par Reynaud.

G-191. Mineur de Californie (le), par Simonin.

G-192. Monde sous-marin (le), par Zürcher et Margollé.

G-193. Monstres invisibles (les), par Roger.

G-194 à 195.   Id., 2 autres exemplaires.

G-196. Montagnes (dans les), par Tyndall.

G-197. Morceau de charbon (histoire d'un), par Edg. Hément.

G-198.   —   de verre (histoire d'un), par Magny.

G-199. Morceaux choisis de Buffon, avec notes par Hémardinquer.

G-200. Mouvement de la population (lois principales du) dans la ville et l'arrondissement de Toul, par Husson.

G-201. Oiseaux (les), entretiens par Lasaulce.

G-202. Oiseaux-chanteurs (les), avec introduction de Champfleury.

G-203.   Id.

G-204. Origine et fin des mondes, par Richard.

G-205. Os d'un géant (les), par H. Berthoud.

G-206. Papier (le) dans l'antiquité et les temps modernes, par Egger.

G-207. Petites chroniques de la science (les), par Berthoud, 1869.

G-208 à 218.   Id., les 10 années: 1861-1870, en 11 vol.

G-219. Physique, par Bouchardat.

G-220.   —   par Fabre.

G-221.   —   Id.

G-222 à 223.   —   par Francolin, 2 vol.

G-224.   —   (cours élémentaire de), par Gossin.

G-225. Physique (éléments de), publ. Rion.
G-226. — (entretiens sur la), par Brard.
G-227 à 250. — (traité de), par Biot, 4 vol.
G-251. — générale et appliquée, par Vacca, 2e année.
G-252. — Id.
G-253. — (notions préliminaires de), par Marié-Davy.
G-254. — (notions sur la), la chimie et les machines, par Ste-Preuve.
G-255. — (simples notions de) et d'histoire naturelle, par L. de Jussieu.
G-256. Plantes (les merveilles de la vie des), par Bocquillon.
G-257. Pluie (de la) en Europe, par Rozet.
G-258. Pluralité des mondes (entretiens sur la), par Fontenelle.
G-259. Id.
G-240. Quinze jours au bord de la mer, par Pizzetta.
G-241. Rayon de soleil (histoire d'un), par Papillon.
G-242. Id.
G-243. Récits de chasse et d'histoire naturelle, par Olivier.
G-244. Révolutions du globe (discours sur les), par de Gr. et P.
G-245. Sciences physiques (introduction à l'étude des), par Morand.
G-246. Secrets de la plage (les), par Pizzetta.
G-247 à 248. Id., 2 autres exemplaires.
G-249. Soleil (le), par Guillemin.
G-250. Id.
G-251 à 259. Spectacle de la Nature, par V. et A. Rendu, 9 vol.
G-260. Télégraphie électrique (la), par Bois.
G-261. Tempêtes (les), par Zürcher et Margollé.
G-262. Id.
G-263. Terre (histoire de la), par Brothier.
G-264. — (la), par Fabre.
G-265 à 266. — Id., 2 autres exemplaires.
G-267. Topographie médicale et hygiène de l'arrondissement de Toul, par le Dr É. Bancel.
G-268. Végétation (les merveilles de la), par Marion.
G-269. Voile (la), la vapeur et l'hélice, par Leclert.
G-270. Volcans et tremblements de terre, par Zürcher et Margollé.

Série H. — Agriculture, économie rurale, jardinage.

H-1. ABEILLES (les), leur éducation, par Espanet.
H-2.   —   (les), par Lefèvre.
H-3. AGRICULTEUR commençant (manuel de l'), par Schwerz.
H-4. AGRICULTURE, par Joigneaux.
H-5.   —   (catéchisme d'), par Baudry et Jourdier.
H-6.   —   (causeries sur l') et l'horticulture, par Joigneaux.
H-7.   —   (éléments d'), publ. Rion.
H-8.   —   (entretiens familiers sur l'), par Soulice.
H-9.   —   générale (guide pratique d'), par Gobin.
H-10.   —   (lectures manuscrites sur les premiers éléments de l'), par Pinet et Naudet.
H-11.   —   (l') et la liberté, par Borie.
H-12.   —   (manuel d'), par Moll.
H-13.   —   Id.
H-14.   —   (manuel élémentaire et classique d'), par L. Gossin.
H-15 à 16.   —   (notions d'), par Rendu, 2 vol.
H-17. ALMANACH du cultivateur pour 1869.
H-18.   Id.
H-19. ANDRÉ ou la Ferme de Meylan, par Taulier.
H-20. ANIMAUX domestiques, par Lefour.
H-21.   Id.
H-22. ARBORICULTURE fruitière (l'), par Gressent.
H-23. ARBRES (de la taille la plus favorable à la reprise des), par le Bon Roguet.
H-24.   —   fruitiers (taille et culture des), par Laujoulet.
H-25.   —   —   , taille et mise à fruit, par Puvis.
H-26. BASSE-COUR, pigeons et lapins, par Mme Millet-Robinet.
H-27. BÉTAIL (économie du), par Sanson.
H-28. BÊTES à cornes (manuel de l'éleveur de), par Villeroy.
H-29. BOEUF (engraissement du), par Vial.
H-30.   Id.
H-31. BON JARDINIER (le) pour 1868, par Vilmorin, etc.
H-32. CALENDRIER du métayer, par Damourette.

H-33. Champignons (culture des), par Salle.

H-34. Champs (les) et les prés, par Joigneaux.

H-35. Chaux, marne, etc. Leur emploi pour l'amendement du sol, par Pierre.

H-36. Cheval (achat du), par Gayot.

H-37. — (le), l'âne et le mulet, par Lefour.

H-38. — Id.

H-39. — percheron (le), par du Hays.

H-40. Choux (les), culture et emploi, par Joigneaux.

H-41. Comptabilité et géométrie agricoles, par Lefour.

H-42. Constructions rurales et mécanique agricole, par Lefour.

H-43. Coton (production du), par Engel-Dollfus.

H-44. Id.

H-45. Cuisine de la ferme (la), par Mme Michaud.

H-46. Culture générale et instruments aratoires, par Lefour.

H-47. — maraîchère (la) pour le midi de la France, par Dumas.

H-48. Dictionnaire *vétérinaire*, par Félizet.

H-49. Id.

H-50. Élagage des arbres (l'), par le Cte des Cars.

H-51. Engrais en général (des), par Greff.

H-52. — et amendements, par Fouquet.

H-53. Fermage, par le C_{te} de Gasparin.

II-54. Id.

H-55. Fleurs (de la culture des) dans les petits jardins, etc., par Courtois-Gérard.

H-56. Fosse à fumier (la), par Boussingault.

H-57. Fraises (les bonnes), par Glœde.

H-58. Fumiers de ferme et composts, par Fouquet.

H-59. Fumures (les formules des) et des étendues en fourrages, par Heuzé.

II-60. Géologie agricole (cours de), par Godefroy.

H-61. Greffer (l'art de), par Baltet.

H-62. Houblon, etc., par Nicklès.

H-63. Jardinage (conférences sur le) et la culture des arbres fruitiers, par Joigneaux.

H-64 à 65. Jeudis de monsieur Dulaurier (les), par Boric, 2 vol.

H-66. Liévres, lapins et léporides, par Gayot.

H-67. Maréchalerie (la), par Sanson.

H-68. MATIÈRES *fertilisantes* (guide pratique du cultivateur pour le choix, l'achat et l'emploi des), par Dudoüy.

H-69. MÉDECINE VÉTÉRINAIRE (notions usuelles de), par Sanson.

H-70. MÉTAYAGE, par le Cte de Gasparin.

H-71. MOUTONS (les), par Sanson.

H-72. NOYER (le), traité de sa culture, par Huard du Plessis.

H-73. OISEAUX (conservation des), leur utilité pour l'agriculture, par le Président Bonjean.

H-74 à 75. — Id., 2 autres exemplaires.

H-76. — utiles (les) et les oiseaux nuisibles, par de la Blanchère.

H-77. OLIVIER (l'), par Riondet.

H-78. PARCS (les) et les jardins, par Lefèvre.

H-79. PÉPINIÈRES, par Carrière.

H-80. PETIT-PIERRE ou le Bon Cultivateur, par Calemard de la Fayette.

H-81. PLANTES-RACINES, par Ledocte.

H-82. PLATRAGE ou sulfatage des fumiers (observations sur le), et sur la désinfection des vidanges, par Pierre.

H-83. POIRIERS les plus précieux (les), par de Liron d'Airoles.

H-84. PORCS (du traitement des) aux différentes époques de l'année, collection de la Bibl. de l'Agr. prat.

H-85. POULAILLER (le), par Jacque.

H-86. POULES et œufs, par Gayot.

H-87. Id.

H-88. PRAIRIES, par Demoor.

H-89. PRIME d'honneur (la), par Calemard de la Fayette.

H-90. Id.

H-91. PROMENADES dans les champs, ou visites à la ferme, par Francq.

H-92. RACES bovines, par le Mis de Dampierre.

H-93. Id.

H-94. SOL et engrais, par Lefour.

H-95. TABAC (le), sa culture, etc., par Schlœsing.

H-96. TRAVAUX des champs (les), par Borie.

H-97. VACHES laitières (choix des), par Magne.

H-98. VEILLÉES de Jean Rustique (les), par Pizzetta.

H-99. — Id.

H-100. — de la ferme du Tournebride (les), par Joigneaux.

H-101. VER à soie (le) et la sériciculture, par de Quatrefages.

H-102. Vigne (culture de la) en plein champ, sans échalas, etc., par Trouillet.

H-103. — — et vinification, par Guyot.

H-104. Voyage *autour de mon jardin*, par A. Karr.

Série I ou J. — Bibliothèque du jeune âge.

J-1. A fond de cale, par Mayne-Reid.

J-2. Id.

J-3. A la mer ! par le même.

J-4. Ami des enfants (l'), par Berquin.

J-5 à 6. Anacharsis (petit), ou voyage du jeune Anacharsis en Grèce, abrégé de Barthélemy, 2 vol.

J-7. Ange gardien (l'), par de la Madelaine.

J-8. Arithmétique du grand-papa (l'), par J. Macé.

J-9. Id.

J-10. Arthur et Laure, ou les Petits Voyageurs français en Europe, par Guichard.

J-11. Asile du quai d'Anjou (l'), contes, par Mme Testas.

J-12. Id.

J-13. Auberge de l'Ange Gardien (l'), par la Csse de Ségur.

J-14. Aventures d'un petit Parisien, par de Bréhat.

J-15. Bayart (histoire du gentil seigneur de), abrégée par Alph. Feillet.

J-16. Bon petit diable (un), par la Csse de Ségur.

J-17. Bons enfants (les), par la même.

J-18. Bouchée de pain (histoire d'une), par J. Macé.

J-19. Id.

J-20. Bruin ou les Chasseurs d'ours, par Mayne-Reid.

J-21. Carte de France pour les enfants (une) ; le Gulf-Stream ; par J. Macé.

J-22. Charlemagne et son siècle, par Roy.

J-23. Charles-Quint (histoire de), d'après Robertson.

J-24. Chasseur de plantes (le), par Mayne-Reid.

J-25. Chasseurs de girafes (les), par le même.

J-26. CHOPPART (mésaventures de J. P.), par Desnoyers.

J-27. COLONS du rivage (les), ou industrie et probité, par Porchat.

J-28. CONTES anglais, trad. par Mmes de Witt.

J-29. — Id.

J-30. — bleus, par Laboulaye.

J-31. — Id.

J-32. — choisis d'Andersen.

J-33. — — des frères Grimm.

J-34. — de l'adolescence, choisis de miss Edgeworth.

J-35. — de Mme Guizot : le Curé de Chavignat, etc.

J-36. — — Scaramouche, etc.

J-37. — de Schmid, en 4 volumes ;
savoir : La Colombe ; le Serin ; etc.

J-38. — — La Ferme des Tilleuls; etc.

J-39. — — Itha, duchesse de Toggenbourg ; etc.

J-40. — — Rose de Tannenbourg ; etc.

J-41. — du même, en 31 volumes ;
savoir : Les Carolins et les Kreutzers ; etc.

J-42. — — La Chapelle de Wolfsbiehl ; etc.

J-43. — — La Chartreuse.

J-44. — — Clara.

J-45 à 46. — — La Corbeille de fleurs, 2 vol.

J-47 à 48. — — Id.

J-49. — — La Croix de bois ; etc.

J-50. — — La Cruche à l'eau ; etc.

J-51. — — Eustache.

J-52. — — Fernando.

J-53 à 54. — — Id., en 2 vol.

J-55. — — Les Fraises ; etc.

J-56 à 57. — — Geneviève de Brabant, 2 vol.

J-58 à 59. — — Id.

J-60. — — Geoffroy.

J-61. — — La Guirlande de houblon.

J-62. — — Henri d'Eichenfels ; etc.

J-63. — — L'Héritage le meilleur ; etc.

J-64. — — La Nuit de Noël ; etc.

J-65. — — Les Œufs de Pâques ; etc.

J-66. — — Le Petit Émigré ; etc.

J-67. — — La Petite Joueuse de luth.

J-68. Contes de Schmid: La Petite Muette ; etc.
J-69.   —   —   Les Pierres fines; etc.
J-70.   —   —   Le Rosier ; etc.
J-71.   —   —   Timothée et Philémon.
J-72.   — du Petit-Château, par J. Macé.
J-73.   — et historiettes, par Berquin.
J-74.   — et nouvelles, par Laboulaye.
J-75.   — merveilleux, par Porchat.
J-76. Croisades (abrégé de l'histoire des), par Valentin.
J-77. Défauts et vertus de l'enfance, par Mme Testas.
J-78. Derniers jours de Pompéi; imité de Bulwer.
J-79. Deux nigauds (les), par la C^{sse} de Ségur.
J-80. Devoirs des enfants (des) envers leurs parents, par Barrau.
J-81.   Id.
J-82. Édouard de Termont, par Mme Louise de R.
J-83. Emmanuel, ou la domination portugaise dans les Indes, etc.,
      par L. Méry.
J-84. Enfant du Guide (l'), par Mlle Gouraud.
J-85. Enfants célèbres (les), par Michel Masson.
J-86.   — de la ferme (les), par Mlle Gouraud.
J-87.   — et parents, par Mmes de Witt.
J-88. Exemples (les), par de S.
J-89. Exilés (les) dans la forêt, par Mayne-Reid.
J-90.   Id.
J-91. Fénelon (histoire de), par Roy.
J-92. Fortune de Gaspard (la), par la C^{sse} de Ségur.
J-93 à 96. France (la), par Manuel et Alvarès, 4 vol.
J-97. François le Bossu, par la C^{sse} de Ségur.
J-98. Général Dourakine (le), par la même.
J-99. Gymnase moral des jeunes gens (le), par Champagnac.
J-100.   — des jeunes personnes (le), par le même.
J-101. Habitation du Désert (l'), par Mayne-Reid.
J-102. Histoire naturelle des oiseaux, des reptiles et des poissons,
      par l'abbé Bourassé.
J-103. Jean qui grogne et Jean qui rit, par la C^{sse} de Ségur.
J-104. Jeanne d'Arc (histoire de), par Roy.
J-105. Jeune Naturaliste (cabinet du), par Ardant.
J-106. Jeune Numismatiste (le), par le même.
J-107. Livre des enfants et des adolescents (le), par Mme Gaël.

J-108. Livre d'histoires (le), par Fabre.

J-109à110. — Id., 2 autres exemplaires.

J-111. — d'or (le premier), par Huré.

J-112. Madame Adeline, récits sur l'intelligence des animaux, par Mlle Pichard.

J-113. Id.

J-114. Maurice, ou le Travail, par M Carraud.

J-115. Mauvais Génie (le), par la C^{sse} de Ségur.

J-116. Mémoires d'un âne, par la même.

J-117. — d'un chien; etc., par de la Madelaine.

J-118. Mer libre du pôle (la), par Hayes, abr. par Belin-de-Launay.

J-119. Métamorphoses d'une goutte d'eau (les), par Mme Carraud.

J-120. Personnages illustres de la France (biographie des), par Dumouchel.

J-121. Petit Bossu (le) et la famille du Sabotier, par Mlle Ulliac-Trémadeure.

J-122. Petit-Jean, par Jeannel.

J-123. Id.

J-124. Petite Jeanne (la), ou le Devoir, par Mme Carraud.

J-125. Petits Artisans devenus célèbres (les), par Antoine.

J-126. Phénomènes de la Nature, par de Marlès.

J-127. Philosophes de l'antiquité (abrégé de la vie des plus illustres), par Fénelon.

J-128. Pierre, ou aventures d'un jeune marin, par Hennequin.

J-129. Plutarque de l'enfance (le), sans nom d'auteur.

J-130. Quel amour d'enfant ! par la C^{sse} de Ségur.

J-131. Récits du maître d'école (les), par Mme Tastu.

J-132. — moraux et instructifs, par Rendu fils.

J-133. René d'Anjou, par Cordellier-Delanoue.

J-134à135. Robert-Robert (aventures de), par Desnoyers, 2 vol.

J-136. Robinson *Crusoé*, par de Foë.

J-137. — Id.

J-138à139. — Id., en 2 vol.

J-140à141. — Id., id.

J-142. — de douze ans (le), par Mme de Beaulieu.

J-143. — des sables du désert, par de Mirval.

J-144à145. — suisse (le), par Wyss, 2 vol.

J-146à147. — Id.

J-148. — suisse nouveau (le), par Muller et Stahl.

J-149. Russie (histoire de), par de Marlès.
J-150.   — (les Français en), par Roy.
J-151. Scènes et aventures maritimes, ou la Fraternité barbiste,
        par Castillon.
J-152. Séphora, ou Rome et Jérusalem, par A. Lemercier.
J-153. Serviteurs de l'estomac (les), par J. Macé.
J-154.   Id.
J-155. Soeur de Gribouille (la), par la C*** de Ségur.
J-156. Tableaux de la Nature, par Blanchard.
J-157. Théâtre du Petit-Château, par J. Macé.
J-158.   Id.
J-159. Trois mois sous la neige, par Porchat.
J-160.   Id.
J-161. Trop bon chien (histoire d'un), par le M¹⁵ de Cherville.
J-162. Veillées de chasse (les), par Mayne-Reid.
J-163. Vie des Grecs illustres, par Plutarque.
J-164.   — des Romains illustres, par le même.
J-165.   — (la) chez les Indiens, par Catlin.
J-166. Voyage dans l'océan Pacifique, par Kubalski.
J-167. Voyages et aventures de Lapérouse, par Valentin.

SECONDE COLLECTION

GRANDS FORMATS

(24 centimètres de hauteur et indéfiniment au-dessus).

Série unique K.

Connaissances utiles générales ; philosophes et publicistes.

K sans n°. Carte de la Moselle, donnant l'état de l'instruction par canton. Par Vacca ; 4 exemplaires.

K sans n°. Cartes teintées (quatorze), indiquant les degrés de l'instruction populaire dans diverses régions, par Manier.

K.-1. Crédit foncier rural (organisation du) et du crédit agricole combinés, par Granié.

K sans n°. Écho des Instituteurs (l'), journal publiant la suite du Bulletin de la Ligue de l'enseignement. N°° depuis mai 1872.

K-2 à 5. École primaire (l'), revue, ann. 1865 à 1869, par Quix, 4 vol.

K-6. Écoles de Mulhouse (notice sur les), publ. de la Société Industrielle.

K-7 à 8. Id., 2 autres exemplaires.

K-9. Économie politique (histoire de l') : les précurseurs, par Cadet.

K-10 à 12. Économiste français (l'), journal, direction Duval, années 1862, 1865 ; janvier-mai 1870.

K-13. Épargne (l') par la dépense, sans nom d'auteur.

K-14. Instruction pour tous (l'), recueil illustré.

K-15. Jeune Comptable (le), registre mobile pour la tenue des livres, par Guiretté.

K-16 à 17. Journal des connaissances utiles, ann. 1833, 1834.

K-18. Lectures de famille, direction Charton.

K-19. — variées, par J. Reynaud.

K-20 à 23. Magasin illustré (le), direction Rayneval. 4 vol.

K-24. — pittoresque (le), année 1865.

K-25. Musée des familles, même année.

K-26. Orateur (l'), par de Roosmalen. Traité de débit oratoire.

K-27 à 29. Revue nationale, novembre 1865 à juillet 1866, 3 vol.

K-30. Vœu en faveur, etc., du caractère obligatoire de l'instruction primaire; par le groupe hâvrais de la Ligue de l'enseignement.

K-31 à 34. Id., 4 autres exemplaires.

Histoire, Mythologie.

K-35. Campagne de Russie, 1812, par Assollant.

K-36. Colomb (Christophe), par le Mis de Belloy; ill. par Flameng.

K-37. Dictionnaire encyclopédique d'histoire, de biographie, de
mythologie et de géographie, par Grégoire.

K-38 à 41. France (fastes de la), par Mullié, 4 vol.

K-42 à 43. — (histoire de) d'après les documents originaux et les
monuments de l'art, par Bordier et Charton, 2 vol.

K-44. Guerre des six deniers (la) à Mulhouse, par Mossmann.

K-45 à 46. Meurthe (les communes de la), par Lepage, 2 vol.

K-47 à 51. Révolution française (galerie historique de la), par Maurin,
5 vol. illust.

K-52 à 56. Id.

Géographie, descriptions, Voyages.

K-57. Atlas des écoles primaires, par Bénard.

K sans n°. Cathédrales et principales églises de France (tableau des),
par Perrot.

K-58 à 61. Cook (troisième voyage de), ou voyage à l'Océan Pacifique,
par Cook et King, 4 vol. in-4°, 1785.

K-62. Égypte (l') à l'exposition universelle de 1867, par Ch. Edmond.

K-63 à 65.   Id., 3 autres exemplaires.

K-66. Espagne (l') à l'Exposition universelle de 1867, par Droux.

K-67. États-Unis et Mexique, par Malte-Brun.

K-68 à 69. Exposition universelle de 1867 illustrée (l'), par Ducuing, 2 vol. grand in-4°.

K-70. France (atlas général de la), par Cortambert.

K-71. Meurthe, atlas Babinet.

K-72.   — cartes par Le Béalle.

K-73. Robinsons (les vrais), par Denis et Chauvin.

K-74. Soudan occidental (voyage dans le), Sénégambie-Niger, par Mage, ill. et cartes.

K-75. Voyage *illustré* dans les cinq parties du monde, par Joanne.

*[K-135.]   — *pittoresque* (une partie du) autour du monde, publ. Dumont d'Urville.

K-76 à 79. Voyageurs anciens et modernes, relations avec biographies, notes, etc., par Charton, 4 vol.

K-80. Zambèse (explorations du) et de ses affluents, par Livingstone.

Littérature.

K-81 à 82. Corneille (P). : Œuvres complètes, suivies des œuvres choisies de Th. Corneille ; 2 vol., Didot.

K-83. Étienne : Les Deux Gendres, comédie.

K-84. Hugo (V.) : Les Orientales.

K-85 à 86. Massillon : Œuvres complètes ; 2 vol., Didot.

K-87. Racine (J.) : Œuvres complètes ; Didot.

K-88 à 90. Scribe : Théâtre, 3 vol.

Romans, Nouvelles, ouvrages de fiction.

K-91. Erckmann-Chatrian : L'Ami Fritz.

K-92.   — Id.

K-93.   — Le Blocus.

K-94 à 95.   — Id., 2 autres exemplaires.

K-96.   — Confidences d'un joueur de clarinette.

(*) Ouvrage admis depuis la création du nouveau numérotage.

K-97. ERCKMANN-CHATRIAN : Histoire d'un conscrit de 1813.
K-98. — Id.
K-99. — Histoire d'un homme du peuple.
K-100. — L'Invasion, ou le Fou Yégof.
K-101 à 102. — Id., 2 autres exemplaires.
K-103. — Madame Thérèse.
K-104 à 106. — Id., 3 autres exemplaires.
K-107. — Waterloo.
K-108. — Id.
K-109. VERNE (J.) : Les Enfants du capitaine Grant.

Sciences et Industrie.

K-110 à 111. ATLAS du Dictionnaire des arts et métiers, 2 vol.
K-112. BOIS (le monde des), par Hœfer, édit. de luxe.
K-113. Id.
*[K-136.] CHAUSSURE (histoire de la), des cordonniers, etc., par Paul Lacroix, bibliophile Jacob.
K-114. INSECTES (le monde des), par H. Berthoud. Illustré.
K-115. OCÉAN (les mystères de l'), par Mangin.
K-116. PROPRIÉTÉS projectives des figures (traité des), par Poncelet.
K sans n°. TABLEAU comparatif des fleuves et des lacs, par Desjardins. Sur toile et appendu.
K sans n°. — comparatif des montagnes, par le même; id., id.
K sans n°. — de chimie, par de Laborde.
K-117 à 120. VOYAGE *minéralogique* et géologique en Hongrie, par F. S. Beudant, 4 vol.

Agriculture, économie rurale, jardinage.

K-121. CHEVAL (connaissance pratique du), par Vial.
K-122. MÉMORIAL agricole de 1867 (le), ou l'agriculture à Billancourt et au Champ-de-Mars, par Hervé.
K-123. PRAIRIES et plantes fourragères, par Vianne ; 170 vignettes
K sans n°. TABLEAUX (sept grands) pour l'enseignement agricole : instruments, animaux, etc.

(*) Ouvrage admis depuis la création du nouveau numérotage.

Bibliothèque du jeune âge.

K-124. ANIMAUX historiques (les), par O. Fournier.
K-125. ILLUSTRATIONS littéraires de la France, par Maigrot.
K-126 à 134. MAGASIN d'éducation et de récréation, par Macé, Stahl et
      Verne, 9 vol.

LISTE DES DONATEURS

ET RAPPEL DU DÉPÔT THIONVILLOIS.

Nota. — Les noms des sociétaires habitant la ville ne sont généralement accompagnés d'aucune mention de profession.

MM.

Anonymes.
Balthasar (le Cte de).
Barbillon (Ch.).
Barnage (madame).
Bauvalet mère (madame).
Belin, libraire à Paris.
Belly.
Blocq Julien.
Blocq Louis.
Cadet (Félix), professeur de philosophie au Lycée de Reims.
Cahagne (madame).
Cercle parisien (le) de la Ligue de l'enseignement.
Claude (Alphonse).
Claude (Camille), député de la Meurthe, sociétaire.
Claude (madame), de Foug.
Cohn (Léon), secrétaire particulier de M. le Ministre de l'Instruction publique.
Colin, facteur de pianos.
Colin (mademoiselle J.).
Combier (C.), homme de lettres à Paris.
Cournault (Éd.), conseiller municipal à Nancy, conseiller général, sociétaire.
Delagrave, libraire à Paris.
Deligny (Éd.), maire de Toul.
Demoyen.
Denis (Léon).
Dollot (le capitaine).
Donnot (madame).
Engel-Dollfus, de Mulhouse.
Gasparin (madame la C^sse Agénor de).
Girardin (Ém. de), publiciste.

G

MM.

Grébus, ancien principal du Collége.
Hachette, libraire à Paris.
Humblot (feu M.).
Kopp (mademoiselle O.).
Leclere (le docteur A.).
Legoullon.
Lepage, archiviste du département.
Lévi-Alvarès (la famille de feu M.), homme de lettres.
Liouville (Albert), avocat, docteur en droit, à Paris; sociétaire.
Liouville (le docteur Henry), de Paris, sociétaire.
Macé (Jean), professeur, membre honoraire de la Société.
Margollé (madame), née Souchotte.
Masson, propriétaire, ancien chef de gare.
Michelet (Désiré), employé à l'École d'Alfort, sociétaire.
Minel (le docteur).
Ministres (MM. les) de l'Instruction publique V. Duruy et J. Simon.
Nafftziger.
Naquard (le docteur L.).
Naquard (madame L.).
Naquard (le docteur P.).
Ory.
Paleville (G. de).
Petitbien, maire de Blénod, conseiller général, sociétaire.
Platel (P. de).
Poulet (Edmond).
Rivière aîné.
Robillot.
Robinot (Alexandre).
Royer (feu M. Émile).

MM.

Simon (Jules), publiciste.
Société (la) des éditeurs de la Bibliothèque Nationale.
Société Franklin (la).
Société thionvilloise (la) des Amis de l'instruction. — Il s'agit ici d'un DÉPÔT de 103 volumes qui ont été confondus avec les nôtres par suite des exigences de la méthode, mais dont un catalogue particulier a été dressé, et a figuré dans notre troisième Bulletin.

MM.

Vacca (E.), ancien professeur de physique au Lycée de Metz, membre honoraire de la Société.
Vairel.
Vasseur (R.), homme de lettres à Amiens.
Willaume (Émile).
Zürcher et Margollé, auteurs de nombreuses publications scientifiques, membres honoraires de la Société.

TABLE

QUI SERA RÉPÉTÉE APRÈS CHAQUE SUPPLÉMENT.

Première collection. — Formats ordinaires.

Séries.   Pages.

A. *Connaissances utiles générales.* (Sommaire : Religion, morale. Famille, éducation. Hygiène. Législation. Langue française. Enseignement, propagande intellectuelle. Récits instructifs et moraux, connaissances utiles diverses. Économie industrielle, économie politique.) 3

B. *Philosophes et publicistes.* (Sommaire : Sujets de philosophie et de religion. Sujets politiques, appréciations morales et historiques. Variétés philosophiques et politiques.) 12

C. *Histoire, Mythologie.* (Sommaire : Histoire des pays et des faits, mythologie. Histoire biographique, mémoires.) 15

D. *Géographie, descriptions, Voyages* 21

E. *Littérature.* (Sommaire : Théâtre. Ouvrages divers de littérature. Langues étrangères.) 24

F. *Romans, Nouvelles, ouvrages de fiction* 29

G. *Sciences et Industrie.* (Sommaire : Mathématiques, arpentage et dessin linéaire. Sciences physiques, histoire naturelle, industrie.) 35

H. *Agriculture, économie rurale, jardinage* 41

I ou J. *Bibliothèque du jeune âge* 44

Seconde collection. — Grands formats.

K. *Connaissances utiles générales. Philosophes et publicistes* 49

K. *Histoire, Mythologie* 50

K. *Géographie, descriptions, Voyages* 50

K. *Littérature* 51

K. *Romans, Nouvelles, ouvrages de fiction* 51

K. *Sciences et Industrie* 52

K. *Agriculture, économie rurale, jardinage* 52

K. *Bibliothèque du jeune âge* 53

Demander à consulter le supplément manuscrit.

BIBLIOTHÈQUE DE LA SOCIÉTÉ TOULOISE

DES AMIS DE L'INSTRUCTION

(LIGUE DE L'ENSEIGNEMENT)

SUPPLÉMENT AU CATALOGUE

JUIN 1879.

A. — Connaissances utiles générales.

(Voir pages 3 et 49.)

Bibliographie.

A-250. BIBLIOTHÈQUE communale de Toul (catalogue de la).
A-371.　　Id., autre exemplaire.

Morale, famille, éducation.

A-265. ANIMAUX (aimons les), par Marion.
A-362 à 365. CHANNING (œuvres sociales de), 4 vol.: I. De l'éducation personnelle ; II. De l'élévation des classes ouvrières ; III. Droits et devoirs des pauvres ; IV. De l'intempérance et de l'ivrognerie.
A-300 à 302. ÉCOLE des mœurs (l'), par Blanchard, 3 vol.
A-366. ÉDUCATION du cœur (l'), causeries et études morales, par Mme Fertiault.
A-248 à 249. FAMILLE (la), ses devoirs, ses joies et ses douleurs, par le comte A. de Gasparin, 2 vol.
A-274 à 275.　　Id., autre exemplaire.

A-263. Harmonies providentielles (les), par Lévêque.

A-264. Morale familière, contes, récits, etc., par Stahl.

A-257. Morale (manuel de) et d'économie politique à l'usage de tous, par Mercier.

A-313. Morale (manuel élémentaire de), par Poirson.

A-303. Morale universelle (catéchisme de), par Goron.

A-304 à 311.   Id., 8 autres exemplaires.

A-260 à 262. Prix de vertu (les), discours prononcés à l'Académie française, publiés par Lock et Couly, 3 vol.

Hygiène, gymnastique.

A-296. Allaitement maternel (de l') étudié au point de vue de la mère, de l'enfant et de la société, par le Dr Brochard.

A-280. Art de se bien porter (l'), maximes d'hygiène populaire, par le Dr Wahu.

A-372. Enfance (hygiène et éducation de la première), publication de la Société française d'hygiène.

A-373 à 377.   Id., 5 autres exemplaires. — Nous recommandons cette brochure qui, dans le court espace de 36 pages, renferme les plus excellents conseils sur les soins à donner au premier âge.

A-338. Enfance (les préjugés populaires sur les maladies de l'), par le Dr Bessières.

A-281. Gaz pernicieux du foyer (les), conférence par Royer.

[K-163 à 164.] Gymnaste (le), journal, années 1873-1877, 2 vol.

A-256. Gymnastique (instruction pour l'enseignement de la) dans les corps de troupe, etc.

[K-137.]   Atlas de cet ouvrage.

A-293. Gymnastique (la santé de l'esprit et du corps par la), par Paz.

A-355. Gymnastique (quelques considérations sur la), par le Dr Blatin.

A-354.   Id., autre exemplaire.

A-312. Hygiène (cours élémentaire d') en 25 leçons, par Reinvillier.

A-295. Jeune mère (guide pratique de la), ou l'éducation du nouveau-né, par le Dr Brochard.

A-294. Jeunes femmes (conseils aux) sur leur condition et leurs devoirs de mère, par Mme Millet-Robinet.

A-296. JEUNES MÈRES (almanach des) et des nourrices, publié par la Société protectrice de l'enfance de Lyon.

A-297. NATATION (instruction pratique pour l'enseignement élémentaire de la) dans l'armée, par d'Argy.

A-298. NOYÉS (projet d'instruction pour le traitement des), par le Dr Marchant.

A-343. OUVRIÈRE (l') mère de famille, par le Dr Brochard.

A-346. POISONS (trois): abus du tabac, ignorance, ivrognerie, par Rion.

A-347 à 348.   Id., 2 autres exemplaires.

A-269. SANTÉ (la religion de la), principes d'hygiène, par le Dr Elizabeth Blackwell.

A-286. TRAVAIL (le) et la santé, conférence par Riant.

Législation.

A-325. CONTRIBUTIONS directes (petit code rural des), par Deslignières-Lambert.

A-258. DICTIONNAIRE de législation usuelle, par Cadet.

Langue française.

A-288. LANGUE française (de l'histoire et du bon usage de la), conférence par Egger.

A-335. LANGUE française (manuel syllabique et orthographique de la), par Laperche.

A-336.   Id., autre exemplaire.

A-361. LECTURE à haute voix (études sur la), par Mounechet.

A-339. LECTURE (l'art de la), par Legouvé.

A-340.   Id., autre exemplaire.

A-352. LECTURE (méthode raisonnée de), par Mortemard de Boisse.

Enseignement, propagande intellectuelle.

A-267. ALLOCUTIONS de M. le Dr Joly.

A-345. CERCLE parisien de la Ligue de l'enseignement (comptes rendus des travaux du), années 1869 et 1870.

A-378.   Id., années 1873, 1874, 1875.

A-379 à 381.   Id., années 1876 à 1878, 3 vol.

[K-171.] Ecно des instituteurs (l'), ou l'Enseignement laïque, journal,
années 1872-1873.

A-370. Ecole (l'), par J. Simon.

A-314. Emploi du temps (essai sur l'), par Jullien.

A-315.   Id., agenda général.

A-268. Enseignement supérieur en France (observations sur l'état
actuel de l'), par le Dr Joly.

A-287. Instruction (de l'utilité de l') pour le peuple, conférence par
Perdonnet.

[K-167.] Instruction primaire (rapport sur la situation de l') dans le
département de Meurthe-et-Moselle, par Jost.

A-259. Instruction publique en France (quelques mots sur l'), par
Bréal.

A-359. Méthode d'éducation de Pestalozzi (étude de la), par Jullien.

A-356 à 358. Société Franklin (bulletin de la), années 1859 à 1873, 3 vol.

A-382 à 386.   Id., années 1874 à 1878, 5 vol.

A-355. Société pour l'instruction élémentaire (bulletin de la), année
1873.

A-387 à 391.   Id., années 1874 à 1878, 5 vol.

A-392. Sou contre l'ignorance (mouvement du).

A-393 à 396.   Id., 4 autres exemplaires.

Récits instructifs et moraux, connaissances utiles

diverses.

A-279. Art d'être heureux (l'), conférence par de Lapommeraye.

A-292. Asile de Vincennes (l'), conférence par Reboul-Deneyrol.

A-282. Eclairage (économie domestique de l'), conférence par Bérard.

A-333. Génie (le) et la Petite Ville, par J. Macé.

A-334.   Id., autre exemplaire.

A-349. Jean-tant-mieux : oiseaux, insectes, etc., par Rion.

A-350 à 351.   Id., 2 autres exemplaires.

A-285. Ménage d'autrefois (un), conférence par Egger.

A-276. Mort de l'ivrogne (la), etc., nouvelles par Dickens.

A-278. Prix Montyon (les), conférence par Morin.

A-270. Science du bonhomme Richard (la), etc., par Franklin.

A-299. SEPT hommes, récits moraux.

A-344. TRÉSOR de la famille (le), encyclopédie des connaissances utiles dans la vie pratique, par Houzé.

Art militaire.

[K-249.] ARMES de guerre et bâtiments cuirassés, par L. Figuier.

[K-183.] FORTERESSE (histoire d'une), par Viollet-le-Duc.

A-252. FUSIL (instruction de 1867 sur le maniement du) et de la carabine.

A-254 à 255. MANOEUVRES d'infanterie (règlement de 1869 sur les), 2 vol.

A-251. TIR (cours réduit de), par Borreil.

A-253. TROUPES d'infanterie (ordonnance sur le service intérieur des).

A-316. VOLONTARIAT (questionnaire des examens du), par Boursin.

Economie industrielle, économie politique.

A-319. ASSURANCE (l'), par E. About.

A-320 à 321. Id., 2 autres exemplaires.

A-322. ASSURANCES sur la vie (les), précis par Chabert.

A-323 à 324. id., par de Courcy. — Id., par Reboul.

A-271. CAPITAL et rente, par F. Bastiat.

A-367. CATÉCHISME de l'économie politique, par du Mesnil-Marigny.

A-275. CE QU'ON VOIT et ce qu'on ne voit pas, par F. Bastiat.

A-369. CÉRÉALES (les) et la douane, par du Mesnil-Marigny.

A-284. CITÉS ouvrières de mineurs (les), conférence par Simonin.

[K-166.] CORPORATION des orfèvres (histoire de la), par Mazaroz.

A-351. ECONOMIE sociale (entretiens au village sur l'), par Lescarret.

A-291. ETUDE d'histoire ancienne, conférence par Egger.

A-283. HABITATIONS économiques (les), conférence par de St-Mesmin.

A-341. JOURNÉE de neuf heures (la), par Miss X...

A-342. Id., autre exemplaire.

A-368. LIBERTÉ des ventes aux enchères (de la), par du Mesnil-Marigny.

A-360. LIBERTÉ du travail (la), l'association et la démocratie, par Baudrillart.

A-317. LOI (la), par F. Bastiat.

A-277. Prévoyance (la) et la charité, conférence par Bellier.

A-289. Prévoyance (la) et l'épargne, conférence par Levasseur.

A-318. Propriété et loi, par F. Bastiat.

A-332. Question sociale (la) et la Société, par Puerari.

A-337. Sociétés coopératives de production (manuel pratique des), par Schulze-Delitzsch : 1re partie, industrie.

A-290. Sociétés de secours mutuels (les), conférence par de Lapommeraye.

A-272. Travail (l'histoire du), par F. Passy.

Publications renfermant des genres mêlés.

[K-158]. Ami de l'instruction (l'), journal, année 1864.

[K-139.] Lectures de famille, publiées par Ed. Charton .

[K-184à229.] Magasin pittoresque (le) publié sous la direction d'Ed. Charton, collection complète, années 1833 à 1877, 46 vol., y compris la table des 40 premiers volumes, laquelle porte l'étiquette K-224.

[K-140.] Autre exemplaire de l'année 1842 de cette collection.

[K-162.] Revue des familles, année 1873.

A-326 à 330. Société d'émulation des Vosges (annales de la), années diverses, 5 vol.

B. — Philosophes et publicistes.

(Voir page 12.)

Philosophie et religion.

B-111. Bonheur (le), par le Cte A. de Gasparin.

B-127.   Id., autre exemplaire.

B-112. Conscience (la), par le même.

B-128.   Id., autre exemplaire.

B-160. Devoirs (traité des) de Cicéron, texte avec trad. par Sommer.

B-194. Dissertation philosophique (recueil de sujets de), par Mangeart.

B-163. Ecoles du doute (les) et l'école de la foi, par le Cte A. de Gasparin.

B-164.   Id., autre exemplaire.

B-158. Education (essai sur l') et les devoirs de l'homme, par J. L...

B-177. Etudes morales sur le temps présent, par Caro.

B-189. Histoire et philosophie religieuse, par St-Réné Taillandier.

B-188. Histoire religieuse (mélanges d'), par Scherer.

B-153 à 154. Liberté morale (la), par le Cte A. de Gasparin, 2 vol.

B-176. Moralistes et philosophes, par Ad. Franck.

B-186. Paroles de vérité, par le Cte A. de Gasparin.

B-187.   Id., autre exemplaire.

B-175. Pensées de Pascal.

B-168. Philosophes français contemporains (les) et leurs systèmes religieux, par Poitou.

B-170 à 171. Philosophie (essais de) et de morale, par Bersot, 2 vol.

B-159. Socrate (les entretiens mémorables de), par Xénophon, trad. Sommer.

B-118. Vrai (du), du beau et du bien, par Cousin.

Sujets politiques, appréciations morales et historiques.

B-179. Amérique devant l'Europe (l'), par le Cte A. de Gasparin.

B 180.   Id., autre exemplaire.

B-130. Bon vieux temps (le), par le même.

B-150.   Id., autre exemplaire.

B-184. Catéchisme français, par La Chabeaussière.

B-185.   Id., autre exemplaire.

B-191. Catéchisme républicain, par Boursin.

B-115. Contrat social (du), par Rousseau.

B-123. Egalité (l'), par le Cte A. de Gasparin.

B-129.   Id., autre exemplaire.

B-163. Eglise (l') et la Révolution française, par de Pressensé.

B-151. Ennemi de la famille (l'), par le Cte A. de Gasparin.

B-124 à 125. Femme pauvre (la) au XIXe siècle, par Daubié, 2 vol.

B-113. Grand peuple qui se relève (un), ou les Etats-Unis en 1861, par le Cte A. de Gasparin.

B-154.   Id., autre exemplaire.

B-156. IMPÔT sur le capital (théorie et application de l'), par Menier

B-116. INÉGALITÉ parmi les hommes (de l'), par Rousseau.

B-131. INNOCENT III, etc., par le Cte A. de Gasparin.

B-166. INSTRUCTION du peuple (l'), par de Laveleye.

B-140. INSTRUCTION républicaine (l'), par A. Guillemin.

B-169. JÉSUITES (sur la destruction des) en France, par d'Alembert.

B-178. JUIFS (les) et la science au moyen-âge, par Schleiden.

B-141. LIBERTÉ civile (la), par J. Simon.

B-193. LIBERTÉ de penser (la), par V. Guichard.

B-142. LIBERTÉ politique (la), par J. Simon.

B-132. LUTHER et la réforme au XVIe siècle, par le Cte A. de Gasparin.

B-133.　　　Id., autre exemplaire.

B-192. MORALE (la) dans la démocratie, par J. Barni.

B-185. OUVRIER de huit ans (l'), par J. Simon.

B-167. OUVRIÈRE (l'), par le même.

B-146. OUVRIERS (la vie morale et intellectuelle des), par Eug. Tallon.

B-155. POLITIQUE des nations, par de Théis.

B-182. POLITIQUE radicale (la), par J. Simon.

B-144. QUESTION ouvrière (la) et l'association, discours par J. Lermina.

B-145.　　　Id., autre exemplaire.

B-126. RÉFORME fiscale (la), par Menier.

B-152, 157.　　　Id., conférence, 2 exemplaires.

B-161 à 162. RÉVOLUTION (la), par E. Quinet, 2 vol.

B-143. SÉPARATION de l'Eglise et de l'Etat, par Morin.

B-114. SIÈCLE apostolique (le), Constantin, Innocent III, par le Cte A. de Gasparin.

B-172. SOCIÉTÉ française (la), études morales sur le temps présent, par A. Mézières.

B-147. TRAVAIL (la question du), par le Dr Pellarin.

Variétés philosophiques et politiques.

B-135 à 139. ANNUAIRE philosophique, par Martin, 5 vol.

B-117. BONTÉ (la), par Rozan.

[K-155à157.] CONSEILLER du peuple (le), par Lamartine, 3 vol.

B-119 à 122. COOPÉRATION (almanach de la), années 1867 à 1870.

B-190. DROITS du cœur (les), par le comte A. de Gasparin.

B-148 à 149. Essais (les) de Montaigne, 2 vol.
   B-181. Femmes (le livre des), par Richer.
   B-173. Pensées de liberté, par le comte A. de Gasparin.
   B-174.   Id., autre exemplaire.
  [K-181.] Un père à son fils, par Duchêne.

C. — Histoire.

(Voir pages 15 et 50.)

Histoire des pays et des faits.

   C-464. Algérie ancienne et moderne (l'), par Fillias.
   C-422. Ancien régime (l') et la Révolution, par de Tocqueville.
   C-425. Angleterre (abrégé de l'histoire d'), par Fleury.
  [K-175.] Armée de Bretagne (l'), 1870-1871, par le comte de Kératry.
[K-173à174.] Armée de la Loire (la deuxième), par le général Chanzy, 1 vol. et un atlas.
   C-433. Autrichiens (les) et l'Italie, 1859, par de La Varenne.
C-545 à 546. Bas-Empire (abrégé de l'histoire du), d'après Lebeau, 2 vol.
   C-509. Belfort (histoire de la défense de), écrite sous le contrôle du colonel Denfert-Rochereau.
   C-508. Belfort (impressions et souvenirs du siége de), par un volontaire de l'armée de Belfort.
   C-384. Bitche (le siége de), par Dalsème.
   C-403. Capitales anciennes (les), par Jacobs.
  [K-180.] Chateaudun, 18 octobre 1870, par Ledeuil.
C-420 à 421. Commentaires de César (les), 2 vol.
   C-402. Comtes de Paris (les), histoire de l'avénement de la troisième race, par Mourin.
   C-443. Conflit américain (histoire du), par Boissier.
   C-380. Constantinople (histoire de la conquête de), par Villehardouin, texte rapproché du français moderne.
   C-503. Ennemi héréditaire (l'), par V. de St-Genis.
   C-504.   Id., autre exemplaire.

C-454 à 456. ETATS-UNIS (histoire des), par Laboulaye, 3 vol.

[K-251.] FONTENOY (le pont de), par Rambaux.

[K-159.] FONTENOY, l'incendie et la restauration, par l'abbé Briel.

C-459 à 463. FRANÇAIS (histoire des), par Lavallée, continuée par Lock, 5 vol.

[K-148.] FRANCE au douzième siècle (la), par de St-Méry.

C-405 à 406. FRANCE (histoire de) jusqu'à l'année 1872, par de Bonnechose, 2 vol.

[K-230à246.] FRANCE (histoire de), par Henri Martin, 17 vol.

C-574 à 590. FRANCE (histoire de), par Michelet, 17 vol.

C-416 à 417. FRANCE (la), nos fautes, nos périls, notre avenir, par le comte A. de Gasparin, 2 vol.

[K-147.] FRANCE (les premiers âges de), par Driou.

C-368 à 375. GIRONDINS (histoire des), par Lamartine, 8 vol.

C-411. GRANDEUR et décadence des Romains, par Montesquieu.

C-530. GUERRE de 1870 (le dossier de la), publication du journal « la France ».

C-423 à 424. GUERRE de 1870-1871 (histoire générale de la), par Dussieux, 2 vol.

C-579. GUERRE des Deux Roses (la), par Todière.

C-581. GUERRE de Trente Ans (histoire de la), par Schiller.

C-562. Id , autre exemplaire.

[K-247à248.] GUERRE d'Orient (histoire de la), 1877-1878, par A. Le Faure, 2 vol.

C-407. HISTOIRE ancienne, grecque, romaine et du moyen-âge (récits d'), par Klein.

C-477 à 498. HISTOIRE ancienne, par Rollin, 22 vol.

C-469 à 473. HISTOIRE de dix ans, par Louis Blanc, 5 vol.

C-474 à 476. HISTOIRE de huit ans, par E. Regnault, 3 vol., faisant suite à l'Histoire de dix ans.

C-506. HISTOIRE de quatre ans, 1870-1873, par Duret, tome 1er paru.

C-531 à 532. HISTOIRE d'un crime, par V. Hugo, 2 vol.

C-533 à 536. Id., 2 autres exemplaires.

C-376. HISTOIRE sainte, ancien testament, par le Dr Rabbinowicz.

C-377. Id., autre exemplaire.

C-499 à 500. HISTOIRE universelle (essai sur l'), par Prévost-Paradol, 2 vol.

C-510. INSURRECTION du 18 mars (l'), par Villetard.

C-426. ITALIE (abrégé de l'histoire d'), par Zeller.

C-458. ITALIE (de l'), par Gebhart.

C-418. JACQUERIE (histoire de la), par Bonnemère.

C-438 à 440. LORRAINE (la), antiquités, chroniques, légendes, par Leupol et Eug. de Mirecourt, 3 vol.

C-507. METZ, campagne et négociations, par le oolonel d'Andlau.

C-441 à 444. METZ, journal historique, etc., par Chabert, 4 brochures, savoir : 1° Journal de la ville de Metz et de la Moselle, de 1865 à 1870 ; 2° Journal du blocus de Metz, rédigé de jour en jour ; 3° Journal de l'occupation de Metz ; 4° Journal de ce qui s'est passé à Metz depuis l'annexion.

C-538 à 541. Id., autre exemplaire de chaque volume.

C-542. METZ (histoire de), 1870-1871, par le même.

C-389. PARIS assiégé, tableaux et souvenirs, par J. Claretie.

C-409. PARIS (le siége de), impressions et souvenirs, par F. Sarcey.

C-414 à 415. PARIS (tableau de), par Mercier, 1782, 2 vol.

C-419. PEUPLE français (petite histoire du), par Lacombe.

[K-172.] PROCÈS du maréchal Bazaine.

C-465. RESTAURATION (histoire de la), par F. Lock.

[K-177.] RÉVOLUTION de 1848 (histoire de la), par Daniel Stern.

C-385 à 386. RÉVOLUTION de 1848 (histoire de la), par Lamartine, 2 vol.

C-505. RÉVOLUTION de 1870 (histoire de la) : dépositions de M. Thiers.

C-388. SEDAN (la vérité sur), par un officier supérieur.

C-454. Id., autre exemplaire.

C-452. SOULOUQUE (l'empereur) et son empire, par d'Alaux.

C-399. TOUL en 1815 (la défense de), rapport officiel publié avec notes par A. Benoit.

C-400. Id., autre exemplaire.

Histoire biographique, mémoires, épisodes.

C-398. ANNEXÉ (histoire d'un), par Guyon.

C-451. BIBLIOTHÈQUE des mémoires du XIXᵉ siècle, par L. Larchey.

C-566. BIENFAITEURS de l'humanité (les), par divers auteurs.

C-446. BRIENNE de Lecce et d'Athènes (les), par le comte de Sassenay.

C-447. BRUCE (Robert), comment on reconquiert un royaume, par Marmier.

C-597. CHANNING, sa vie et sa doctrine, par Lavollée.

C-390. Charles XII (histoire de), par Voltaire.

C-563 à 564. Charles XIV Jean, roi de Suède (mémoires pour servir à l'histoire de), par de St-Donat et de Roquefort, 2 vol.

C-595. Chateaubriand, sa vie et ses œuvres, par Ch. Benoit.

C-427. Cicéron, par Lamartine.

C-435. Confidences (les), par Lamartine.

C-436. Confidences (nouvelles), par le même.

C-466. Copernic (vie de), et histoire de la découverte du système du monde, par Flammarion.

C-583. Delpech (inauguration du buste de) au Capitole de Toulouse.

C-543. Dévouement (le), par Michel Masson.

C-502. Drapeau français (histoire anecdotique du), par D. Lacroix.

[K-252.] Du Pasquier (mémoires de Jean), procureur syndic de la cité de Toul, publiés par MM. Daulnoy et Pillement.

C-455. Femmes (portraits de), par Sainte-Beuve.

C-408. Franklin (vie de), par Mignet.

C-524 à 525. Grandes figures nationales (les) et les héros du peuple, par Préseau, 2 vol.

C-401,567. Grands hommes de la France (les), par Cordier, Goepp et de Maunoury d'Ectot: Hommes de guerre, 2 vol.

C-568 à 569. Id.: Marius, 2 vol.

C-570. Id.: Navigateurs.

C-557. Guepin (le docteur), par Monprofit.

C-592 à 594. Id., 5 autres exemplaires.

C-404. Héroïnes de la charité (les), sœur Marthe et miss Nightingale, par Mᵐᵉ Monod.

C-467. Héroïsme (l'), récits légendaires et historiques, par Renaud.

C-413. Hoche, général et pacificateur (éloge de), par Renaud.

C-449. Hoff (le sergent), par Heymann.

C-547 à 561. Hommes illustres (vie des) de Plutarque, traduction Dacier, 15 vol.

C-511 à 518. Id., traduction Richard, 8 vol.

C-410. Jeanne Darc, par Henri Martin.

C-396. Lamartiné, par Legouvé.

C-468. Larrey (notice sur le docteur Auguste), par N. Joly.

C-450. Lemonnier (Elisa), fondatrice de la Société pour l'enseignement professionnel des femmes.

C-520. L'Hospital (le chancelier de), par Villemain.

C-412. MAHOMET et le Coran, par Barthélemy St-Hilaire.

C-378. MARGUERITE d'Anjou, reine d'Angleterre (histoire de), par Roy

C-573. MÉMOIRES d'exil, par Mme E. Quinet, série la plus récente.

C-571. MICHEL-ANGE, Léonard de Vinci, Raphaël, par Clément.

C-448. MONGE (souvenirs sur Gaspard), et ses rapports avec Napoléon.

[K-149.] MONTMORENCI (histoire des), ou une famille de héros, par de Bellesrives.

C-430. MONTYON, ou la vie d'un homme de bien, conférence par Morin.

C-437. MUSÉE national, collection de portraits et de biographies.

C-565.　　Id., autre exemplaire.

C-452. NAPOLÉON Ier (histoire de), par Lanfrey, tome V. Voir *Napoléon*, page 20.

C-428. OBERKAMPF, par Labouchère.

C-429. OBERLIN (vie d'), par Bernard.

C-431. PALISSY (Bernard), conférence par Martelet.

C-523. PAPIN (Denis), sa vie et son œuvre, par le baron Ernouf.

C-592. QUINET (Edgar), sa vie et son œuvre, par Chassin.

C-591. RABELAIS (étude sur la vie et les ouvrages de), par P. Lacroix.

C-572. REGNAULT (Henri), 1843-1871, par Baillière.

[K-151.] REINES de France les plus célèbres (histoire des), par de Letournel.

C-522. RETZ (le cardinal de), par Topin.

C-582. SENEFELDER ; Viguerie ; par N. Joly.

C-526. SHAKSPEARE et son temps, par Guizot.

C-501. SIÉGES héroïques (les), par P. Foucher.

C-521. SULLY, par Legouvé.

C-587. TABLEAU d'honneur de la Meurthe (le), par H. Lepage.

C-593 à 594. THIERS (le gouvernement de M.), par J. Simon, 2 vol.

C-544. TRANSPORTÉS de la Meurthe (les), par Ravold.

C-457. VAINCU (un), souvenirs du général Lee, par Mme Boissonnas.

C-519. VERCINGÉTORIX et l'indépendance gauloise, par F. Monnier.

C-527 à 529. VIGÉE-LEBRUN (souvenirs de madame), 3 vol.

C-591. VOLTAIRE, sa vie et son œuvre, par Noël.

CC. — Histoire universelle.

CC-1 à 123. Histoire universelle, composée et traduite par des Sociétés de gens de lettres, Paris, 1779-1791 ; 123 vol. dont les tomes LIV et CVI manquent.

D. — Géographie, descriptions, Voyages.

(Voir pages 21 et 50).

D-170. Abyssinie, par Raffray.

D-168. Afrique (au cœur de l'), par Schweinfurth, abrégé.

D-169.   Id., autre exemplaire.

D-111. Afrique australe (explorations dans l'), etc., par D. et Ch. Livingstone.

D-167. Afrique centrale (explorations dans l') et dans le bassin du Zambèse, par les mêmes, abrégé.

D-129. Algérie (lettres sur l'), par Marmier.

D-104. Algérie (mœurs et coutumes de l'), par le général Daumas.

D-156. Allemagne (l'esprit moderne en), par Selden.

D-157. Allemandes (la société et les mœurs), traduit de J. Scherr par V. Tissot.

D-155. Alsace-Lorraine (géographie de l'), avant et depuis 1870, par Dubail.

D-194. Angleterre (lettres sur l'), par E. Texier.

D-136. Arrondissement de Toul (petite géographie de l'), par Olry.

D-126. Bourbonnais (en) et en Forez, par Montégut.

D-166. Cachemire et Petit-Thibet, d'après Drew, par le baron Ernouf.

D-123. Campagnes et stations, par de Hailly.

D-112. Capitaine Burton (voyages du) à la Mecque, aux grands lacs d'Afrique et chez les Mormons, abrégés.

D-121. Cathédrale de Toul (la), par Bataille.

D-165. Caucase (le), la Perse et la Turquie d'Asie, d'après de Thielmann, par le baron Ernouf.

D-108. Ceylan (l'île de) et ses curiosités naturelles, par Sachot.

[K-168.] Chine ouverte (la), par Old Nick.

D-110. Chine (souvenirs d'un voyage en), par Juillard.

D-128. Cochinchine française et Cambodge, par Lemire.

D-173. Constantinople (à), par l'auteur des Horizons prochains.

D-174.   Id., autre exemplaire.

D-131. Constantinople et la Turquie, par L. Enault.

D-187. Constantinople, ouvrage traduit de l'italien d'Edmondo de Amicis.

D-171. Cuba (l'île de), par H. Piron.

D-139. Désert (les Français dans le), journal d'une expédition aux limites du Sahara algérien, par Trumelet.

D-183 à 184. Ecosse (l'Ermite en), mœurs écossaises, 2 vol.

D-117. Egypte moderne (l') et l'Egypte ancienne, conférence par Egger

D-140. Exposition de 1878 (les curiosités de l'), guide par Gautier et Desprez.

D-124. France (géographie de la) et des colonies, par Reclus.

D-109. France (géographie physique, historique et politique de la), par de Bonnechose.

D-163. France (la), considérée dans ses relations avec l'étranger, géographie commerciale et industrielle, par Pigeonneau.

D-197. Glaçon du Polaris (le), aventures du capitaine Tyson, racontées par de Fonvielle.

D-172. Grand-Ouest des Etats-Unis (le), par Simonin.

D-190. Hollande pittoresque (la), par Havard : Les Frontières menacées.

D-191.   Id.: Voyage aux villes mortes du Zuiderzée.

D-127. Irlande et France, par Duquet.

D-116. Isthme de Suez (le percement de l'), conférence par de Lesseps.

D-158. Italia, par Th. Gautier.

D-120. Italie (voyage en), par Chateaubriand.

D-137 à 158. Itinéraire de Paris à Jérusalem, par le même, 2 vol.

D-133. Java, Siam, Canton, par le comte de Beauvoir.

D-188. Kabylie (en), par Vilbort.

D-179 à 180. Levant (voyage au), par la comtesse de Gasparin, 2 vol.

D-161. Londres pittoresque et la vie anglaise, par Bellenger.

D-107. Madagascar et les Madécasses, histoire, mœurs, productions et curiosités, par Sachot.

D-143. Madagascar (voyage à), par Mme Pfeiffer.

D-125. Merveilles et beautés de la nature en France.

D-196. Metz. — Dictionnaire topographique, historique et étymologique des rues, places, ponts et quais de la ville de Metz, par Chabert.

D-135. Meurthe-et-Moselle (petite géographie pour le département de), par Zeller et Périgot.

D-164. Moltke (lettres du maréchal) sur l'Orient.

D-182. Monde où nous vivons (le), par Maury ; traduit par Zurcher et Margollé.

D-193. Mont-Blanc (histoire du) et de la vallée de Chamonix, par S. d'Arve.

D-144. Monténégro contemporain (le), par Frilley et Wlahovitj.

D-103. Naufrages célèbres (les), par Zurcher et Margollé.

D-142. Nil (le) et ses sources, par de Lanoye.

D-119. Notre planète, par Duval.

D-141. Palestine et Turquie, par Mlle Bremer, abrégé.

D-149 à 154. Paris, ses organes, ses fonctions et sa vie dans la seconde moitié du XIXe siècle, par Maxime du Camp, 6 vol.

D-148. Pays annexés (voyage dans les), par V. Tissot.

D-150. Pays-Bas (les), impressions de voyage et d'art, par Montégut.

D-145. Pays des milliards (voyage au), par V. Tissot.

D-134. Pékin, Yeddo, San-Francisco, par le Cte de Beauvoir.

D-113. Peuples étranges (les), par Mayne-Reid.

D-195. Pompéi et les Pompéiens, par Monnier.

D-160. Promenades d'un touriste, par Fournel.

D-146. Prussiens en Allemagne (les), par V. Tissot.

D-147, 181.   Id., 2 autres exemplaires.

D-106. Récits d'outre-mer, par Auger.

D-177. Répertoire archéologique de la ville, des faubourgs et du territoire de Toul, par Olry.

D-178. Répertoire des cantons de Domèvre, Toul-Nord et Thiaucourt, par le même.

D-122. Rome et l'Italie (notes sur), 1875, par Teste.

D-114 à 115. Rome (promenades dans), par Stendhal, 2 vol.

D-105. Scènes de la vie maritime, par Basil Hall.

D-185 à 186. Sicile (lettres sur la), par le marquis de Foresta, 2 vol.

D-162. Suède (en karriole à travers la) et la Norwège, par Vandal.

D-118. TERRE (la) et l'homme, par Alfred Maury.

D-175. TOUL. — Études sur les rues, la cathédrale et les écoles de Toul, suivies d'une notice sur la côte Saint-Michel, par C. F.

D-176.   Id., autre exemplaire.

[K-178.] TOUL en 1700 (plan de la ville de), avec légende détaillée, par le commandant Daulnoy.

[K sans n°.] TOUL en 1876 (plan de la ville de), par le même. — Exemplaire sous verre, colorié à la main.

D-189. TUNIS, par Michel.

D-159. VACANCES d'un journaliste, par Fournel.

D-152. VIE des eaux (la), par Mornand.

D-192. VILLES mortes du golfe de Lyon (les), par Lenthéric.

E. — Littérature.

(Voir pages 24 et 51.)

Théâtre.

E-257. AUGIER (É.) : Le Fils de Giboyer.

E-275.   —   Gabrielle.

E-258. AUGIER et SANDEAU : Le Gendre de M. Poirier.

E-241. BEAUMARCHAIS : Le Mariage de Figaro.

E-242.   —   Id., autre exemplaire.

E-264. BORNIER (H. de) : La Fille de Roland.

E-298. ERCKMANN-CHATRIAN : L'Ami Fritz, comédie.

[K-154.] HUGO (V.) : Hernani.

E-289.   —   Ruy Blas.

E-280 à 283.   —   Théâtre complet, 4 vol.

E-255. RACINE (J.) : Théâtre complet.

[K-152.] RACINE, P. et Th. CORNEILLE : Œuvres complètes.

E-243. REGNARD : Le Joueur, etc.

E-244.   —   Id., autre exemplaire.

E-252 à 255. SHAKSPEARE : Chefs-d'œuvre, 2 vol.

Dialogues historiques.

E-246. LAVALLÉE : Jean-Sans-Peur, scènes historiques.
E-296 à 297. VITET : Les Etats d'Orléans ; la Ligue ; scènes historiques,
2 vol.

Poëtes anciens et étrangers.

E-247. HOMÈRE, trad. Pessonneaux : L'Iliade.
E-248.   —   L'Odyssée.
E-257. HORACE : Odes, traduites en vers français, par Anquetil.
E-259. MILTON : Le Paradis perdu, texte avec trad. par Chateaubriand.
E-293.   —   Id., traduction par Guérin.

Poëtes français.

E-295. CAMPAUX (Antoine) : Maisonnette, idylle.
E-299. CAMPENON : La Maison des champs, poëme.
E-300 à 301. DELILLE : L'Imagination, poëme, 2 vol.
E-271 à 272. DÉROULÈDE : Chants du soldat, 2 vol.
E-291. HUGO (V.) : L'Année terrible.
E-245.   —   Les Chants du crépuscule.
E-290.   —   Les Châtiments.
E-292.   —   Les Enfants.
E-258.   —   La Libération du territoire.
[K-169].   —   Le Pape.
E-263. LACHAMBEAUDIE : Les Fleurs de Villemomble, poëme.
E-256. LA FONTAINE (les fables de) annotées par Buffon, publiées par
Jouaust.
E-262. LAMARTINE : Jocelyn.
E-260.   —   Premières méditations poétiques.
E-261.   —   Nouvelles méditations.
E-305. LAPRADE (V. de) : Le Livre d'un père.
E-304. MILLEVOYE : Œuvres.
E-303. PIERRON (dom) : Le Temple des Messins, poëme ; traduction
reproduite avec notes par Chabert.

Compositions littéraires diverses.

E-294. Berthet (É.) : Le Monde inconnu, romans préhistoriques.
E-276. Deulin : Histoires de petite ville.
E-284. Erckmann-Chatrian : Souvenirs d'un chef de chantier; l'Exilé.
E-278 à 279. Galland : Les Mille et une Nuits des familles, 2 vol.
E-239 à 240. Hugo (V.): Notre-Dame de Paris, 2 vol.
E-287 à 288. Mérimée : Lettres à une inconnue, 2 vol.
E-268 à 269. Monnier (H.) : Mémoires de Monsieur Joseph Prudhomme, 2 vol.
E-277. Société des gens de lettres (la) : Aux Alsaciens et aux Lorrains, l'Offrande.

Traités et critiques littéraires.

E-254. Barante (de) : Tableau de la littérature française au XVIIIe siècle.
[K-155.] Fénelon : Dialogues sur l'éloquence.
E-270. Houssaye (Arsène): Histoire du 41e fauteuil de l'Académie Française.
E-273. Joly (N.): La Couronne poétique de la Lorraine, notice.
E-274. — Id., autre exemplaire.
E-249 à 252. Mennechet : Matinées littéraires, cours complet de littérature moderne, 4 vol.
[K-179.] Ory (Eug.): Une restitution bibliographique pour servir à l'histoire de l'imprimerie mussipontaine.
E-265 à 267. Sainte-Beuve : Causeries du lundi, tomes I à III.
E-302. — Nouveaux lundis, tome II.
E-256. — Etude sur Virgile, etc.
E-253 à 255. — Portraits littéraires, 3 vol.
E-285. Staaff (colonel) : La littérature française, prosateurs vivants en 1870.
E-286. — Id., poètes vivants en 1870.

F. — Romans, ouvrages de fiction.

(Voir pages 29 et 51.)

F-404. ACHARD (A.): Madame Rose; Pierre de Villerglé.

F-591. AINSWORTH : Abigaïl.

F-557. ASSOLLANT: François Bùchamor.

F-518. AUTEUR des Légendes d'Alsace (l'): Le Vieil Éli.

F-584. BADIN : Marie Chassaing.

F-562. BEECHER-STOWE (Mme): La Fiancée du Ministre.

F-418. BERNARD (J.): Cinq nouvelles.

F-419 à 421.   —   Id., trois autres exemplaires.

[K-142.] BERTHET (É.): Le Colon d'Algérie; le Gentilhomme verrier; la Tour du télégraphe.

F-514.   —   Les Houilleurs de Polignies.

F-555. BERTHOUD (H.): Lectures des soirées d'hiver.

F-505. BOISSONNAS (Mme): Une famille pendant la guerre de 1870-1871.

F-442. BOURDON (Mme) : La Vie réelle.

F-470. BOUROTTE (Mlle): Au village, conquêtes rurales d'un commandant.

F-462 à 465. BRADDON (miss): L'Allée des Dames, 2 vol.

F-596. BREMER (Mlle): La Famille H....

F-457.   —   Un Journal.

F-582 à 585. BULWER-LYTTON : Qu'en fera-t-il? 2 vol.

F-566 à 567. CARLEN (Mme) : Une femme capricieuse, 2 vol.

F-471. CHATEAUBRIAND : Atala, René, les Natchez.

F-551.   —   Les Aventures du dernier Abencerage.

F-472.   —   Les Martyrs, le dernier Abencerage.

F-593. CHEVALIER (É.) : La Tête-Plate.

F-564. COLLINS (W.): La Morte vivante.

F-577.   —   Le Secret.

F-324. CONSCIENCE (H.): Batavia.

F-526.   —   Le Chemin de la fortune.

F-550.   —   Histoire de deux enfants d'ouvriers.

F-586.   —   Id., autre exemplaire.

F-559.   —   Le Mal du siècle.

F-525.   —   Le Pays de l'or.

F-345. Conscience (Marie): Un million comptant.

F-444. Cooper (F.) : Le Bravo.

F-445. — L'Écumeur de mer.

F-303. — L'Espion.

F-302. — Lionel Lincoln.

F-446. — Lucie Hardinge.

F-447. — Mercédès de Castille.

F-448. — Précaution.

F-304. — Les Puritains.

F-344. — Le Tueur de daims.

F-434. Couppey (M¹¹): L'Orpheline du quarante-unième.

F-346. Cummins (miss): Mabel Vaughan.

F-347. — La Rose du Liban.

F-452. Deslys (Ch.): Sœur Louise.

F-372 à 374. Dickens (Ch.): Dombey et fils, 3 vol.

F-375 à 376. — La Petite Dorritt, 2 vol.

F-561. Disraeli : Sybil.

F-523. Dumas (Al.): La Bouillie de la comtesse Berthe.

F-522. — Le Capitaine Pamphile.

F-441. — Id., autre exemplaire.

F-368. Énault (L.): La Vierge du Liban.

F-426. Erckmann-Chatrian : Le Brigadier Frédéric.

F-424. — Une Campagne en Kabylie.

F-445. — Contes vosgiens.

F-501. — Les Deux Frères.

F-425. — Id., autre exemplaire.

F-422. — Histoire d'un homme du peuple.

F-423. — Histoire d'un paysan, 1789.

F-500. — Histoire du plébiscite.

[K-158.] — Id., autre exemplaire.

F-402. — Maître Gaspard Fix.

F-403. — Id., autre exemplaire.

(Voir *Erckmann-Chatrian*, pages 50 et 51.)

F-405 à 408. Fabre (F.): La Petite Mère, 4 vol.

F-552. Ferry (G.): Costal l'Indien.

F-439. Feuillet (O): Le Journal d'une femme.

F-311. Figuier (Mᵐᵉ): Le Gardian de la Camargue.

F-554. Fleuriot (M¹¹ᵉ): Armelle Trahec.

F-308. — Mes héritages.

F-313. GASKELL (mistress): Marie Barton.
F-380 à 381.   —   Nord et Sud, 2 vol.
F-355 à 356.   —   Nos femmes et nos filles, 2 vol.
F-337. GASPARIN (comtesse de): Les Horizons prochains.
F-363. GERARD, traducteur : Les Chasseurs de chamois, etc.
F-342. GERSTÆCKER : Aventures d'une colonie d'émigrants en Amérique.
F-358. GOGOL: Tarass Boulba.
F-431. GRÉVILLE (H.): Dosia.
F-429.   —   L'Expiation de Savéli.
F-458 à 459.   —   Les Koumiassine, 2 vol.
F-460.   —   Nouvelles russes.
F-430.   —   La Princesse Oghérof.
F-453. GUERRIER DE HAUPT (Marie): Marthe.
F-449 à 453. HUGO (V.): Les Misérables, 5 vol.
[K-170.]   —   Quatrevingt-treize.
F-454 à 455.   —   Les Travailleurs de la mer, 2 vol.
F-320. KARR (A.): Clovis Gosselin.
F-521.   —   La Famille Alain.
F-319.   —   Histoire de Rose et de Jean Duchemin.
F-458. KNORRING (baronne de) : Les Cousins.
F-369. LIVONNIÈRE (de): Deux Frères.
F-509. MALOT (H.): Romain Kalbris.
F-456 à 457.   —   Sans famille, 2 vol.
F-306. MANZONI : Les Fiancés.
F-355 à 356. MARLITT : La Petite Princesse des bruyères, 2 vol.
F-563. MARMIER : Les Perce-Neige, nouvelles du Nord.
F-316. MARTINEAU (miss): Le Fiord.
F-517. MASSON (Michel) : Les Lectures en famille.
F-348. MAYNE-REID : Le Doigt du destin.
F-349.   —   La Piste de guerre.
F-370.   —   Les Planteurs de la Jamaïque.
F-312. MULOCK (miss) : Maîtresse et servante.
F-310. NODIER (Ch.): Nouvelles.
F-315. OLIVIER (U.) : Deux nouvelles vaudoises.
F-343.   —   La Fille du forestier.
F-456. ONCLE ADAM (l') : L'Argent et le travail.
F-354. PRESSENSÉ (Mme de): Le Journal de Thérèse.
F-475.   —   Rosa.

F-385. Puget (Mlle du) : Les Filles du Président.

F-464 à 466. Sand (George): L'homme de neige, 3 séries.

F-467 à 468.   —   Id., autre exemplaire des deux dernières séries.

F-389.   —   Jean de la Roche.

F-367.   —   Le Marquis de Villemer.

F-427.   —   Mauprat.

F-390.   —   Monsieur Sylvestre.

F-394. Schwartz (Mme) : La Veuve et ses enfants.

F-395.   —   Id., autre exemplaire.

F-409. Saint-Vidal (Mme de): Amour et devoir.

F-387. Souvestre (Em.): Les Drames parisiens.

F-341.   —   Pendant la moisson.

F-417.   —   Scènes de la vie intime.

F-340.   —   Sous la tonnelle.

F-353. Stephens (miss): Opulence et misère.

F-469. Thackeray : La Foire aux vanités, second exempl. du tome II (Voir *Thackeray*, page 33.)

F-332. Topffer : Le Presbytère.

F-371.   —   Rosa et Gertrude.

F-392. Tourguéneff : Fumée.

F-428. Ulbach (L.): Le Baron américain.

F-388.   —   Monsieur et madame Fernel.

F-461. Vallery-Radot : Journal d'un volontaire d'un an.

F-527. Verne (J.) : Autour de la lune.

F-529.   —   Aventures de trois Russes et de trois Anglais.

F-440.   —   Un capitaine de quinze ans.

F-413.   —   Le Chancellor.

F-530.   —   Cinq semaines en ballon.

[K-160.]   —   Le Docteur Ox, etc.

F-415 à 416.   —   Hector Servadac, 2 vol.

F-399 à 401.   —   L'Ile mystérieuse, 3 vol.

F-414.   —   Les Indes noires.

F-397 à 398.   —   Michel Strogoff, 2 vol.

F-410 à 411.   —   Le Pays des fourrures, 2 vol.

F-531.   —   Le Tour du monde en 80 jours.

F-412.   —   Une Ville flottante.

F-528.   —   Vingt mille lieues sous les mers, seconde partie. (Voir *Verne*, pages 33 et 52.)

F-435. Whyte-Melville : Kate Coventry.
F-474. Wiseman (cardinal) : Fabiola.
F-475. Witt (Mme de) : Scènes d'histoire et de famille.
F-538 à 539. Yonge (miss) : L'Héritier de Redclyffe, 2 vol.
F-578 à 379. — Le Procès, 2 vol.
F-560. Yvan (D^r) : Légendes et récits.

G. — Sciences, industrie; Beaux-Arts.

(Voir pages 53 et 52.)

Mathématiques.

G-357. Algèbre (éléments d'), par Pelletier.
G-276. Géométrie pratique (éléments de), par Tarnier.
G-275. Planimétrie (atlas de), par Wachter.
G-355. Système métrique (le), par Dubreuil.
G-356. Id., autre exemplaire.
G-345. Tachymétrie (la), par Lagout.

Sciences physiques, histoire naturelle, industrie.

G-304. Air (de l'), conférence par le Dr Jeannel.
G-290. Aluminium (l'), conférence par F. Hément.
G-326. Amour maternel chez les animaux (l'), par Menault.
G-319. Anatomie générale (éléments d'), par P. A. Béclard, avec additions et précis d'histologie, par J. Béclard.
G-365. Aquarium d'eau douce et d'eau de mer (l'), par Pizzetta.
G-292. Astronomie (lettres sur l'), par Montémont.
G-348. Botanique (entretiens familiers sur la), par Mme Meunier.
G-361. Botanique médicale (traité de), par Hacquart.
G-371. Boutique du marchand de nouveautés (la), par Muller.
G-312. Cable transatlantique (le), conférence par Cézanne.

G-306. Chaleur (la) et l'humidité à la surface de la terre, conférence par Dujardin.

G-369. Chasses (les grandes), par V. Meunier.

G-309. Chaux (la), conférence par Bérard.

G-294. Clef de la science (la), ou les phénomènes de la nature expliqués, par Brewer et Moigno.

G-322. Coléoptères de France (faune élémentaire des), par Fairmaire.

G-320. Cosmographie (cours élémentaire de), par Dumouchel.

G-291. Cosmographie (premières notions de), par F. Hément.

G-333. Craniologie ethnique (article sur la), par le Dr Joly.

G-342 à 344. Délégation ouvrière française (rapports de la) à l'exposition de Vienne, 3 vol.

G-351. Id., rapport d'ensemble.

G-305. Eau (de l'), conférence par de Lacolonge.

G-328. Eau (l'), par G. Tissandier.

G-364. Eaux (le monde microscopique des), par Girard.

G-329. Electricité (l'), par Baille.

G-358. Etincelle électrique (l'), par Cazin.

G-311. Fécondation (de la) dans les végétaux supérieurs, conférence par Clavaud.

[K-144.] Féeries de la science (les), par H. Berthoud.

G-354. Fer (le), la fonte et l'acier, par Delon.

[K-145.] France industrielle (la), ou description des industries françaises, par Poiré.

G-362. Géologie technologique, ou appliquée aux arts et à l'industrie, par Page et Meunier.

G-330. Gleizes (J. A.) et le régime des herbes, par le Dr Joly.

G-331 à 332. Id., 2 autres exemplaires.

G-336. Grêlons qui sont tombés à Toulouse (observations au sujet des), par le même.

G-314 à 318. Homme (histoire de l'), par de Quatrefages, 5 conférences.

G-347. Insectes (la vie et les mœurs des), extraits de Réaumur.

G-341. Insectes. — Recherches tendant à établir que le Prosopistoma est un insecte de la tribu des éphémérines, par les Drs N. et E. Joly.

G-295. Instinct (de l') et de l'intelligence des animaux, par Flourens.

G-360. Id., autre exemplaire.

G-325. Locomotion (les merveilles de la), par Delharme.

G-303. Lumière (voyage de la) au travers des cristaux, conférence par Abria.

G-298. Machine humaine (la), équilibre de la force, conférence par P. Bert.

G-299.   Id., autre exemplaire.

[K-176.] Maison (histoire d'une), par Viollet-le-Duc.

G-310. Matière des végétaux (la), conférence par Bérard.

G-327. Merveilles célestes (les), par Flammarion.

[K-250.] Métaux (les), mines, mineurs et industries métallurgiques, par With.

G-307. Minéral (le règne), conférence par Raulin.

G-368. Mines et carrières, par Delon.

G-278. Montagnes (dans les), par Tyndall.

G-313. Navigation à vapeur (de la), conférence par Rancès.

G-340. Os. — Etude sur la structure, le développement, la nutrition et la régénération des os, par les Drs N. et E. Joly.

G-370. Pêches (les grandes), par V. Meunier.

G-279 à 289. Petites chroniques de la science (les), par H. Berthoud, 10 années, en 11 vol.

G-296 à 297. Phénomènes terrestres (les): les continents, les mers et les météores, par Reclus, 2 vol.

G-300. Photographie (les merveilles de la), par Tissandier.

G-337. Phycomyces nitens (étude du), par N. Joly et Clos.

[K-146.] Physiologie humaine (traité élémentaire de), par Béclard.

G-323. Physique, par Vacca, 1re année.

G-349. Physique (premières notions de) et de météorologie, par F. Hément.

G-334. Pisciculture (analyse d'un rapport sur la) et la pêche fluviale en Angleterre, en Ecosse et en Irlande, par le Dr N. Joly.

G-324. Pluie (la) et le beau temps, météorologie usuelle, par Laurencin.

G-339. Pluralité des mondes habités (la), par Flammarion.

G-333. Poisson chinois. — Etudes sur les mœurs, le développement, etc., d'un petit poisson du genre macropode, par le Dr N. Joly.

G-308. Propriétés générales des corps (de quelques), conférence par Abria.

G-338. Pygopage (observation de monstruosité dite), par les Drs N. Joly et Peyrat.

G-339. Pygopage, etc., documents nouveaux.

G-363. Roches (les) : leurs éléments, leur détermination pratique, par Jannetaz.

[K-165.] Savant du foyer (le), par L. Figuier.

G-302. Système solaire (du), conférence par Lespiault.

G-330. Tableau du monde physique, excursions à travers la science, par Jacquinet.

[K sans n°.] Tabléaux astronomiques de l'univers (deux), par Laporte.

G-367. Téléphone expliqué à tout le monde (le), par Giffard.

G-366. Téléphone (le), le microphone et le phonographe, par le comte du Moncel.

G-295. Temps (la prévision du), par Zurcher et Margollé.

G-321.   Id., autre exemplaire.

G-352. Vapeur (la), par Guillemin.

G-301. Verrerie (la) depuis les temps les plus reculés jusqu'à nos jours, par Sauzay.

G-346. Vers à soie (études sur une épizootie des), par le Dr N. Joly.

[K-143.] Volcans (les) et les tremblements de terre, par Boscowitz.

G-277. Zoologie (cours élémentaire de), par Milne-Edwards.

Beaux-Arts.

G-353. Gravure (les merveilles de la), par Duplessis.

G-372. Théâtre (l'envers du), machines et décorations, par Moynet.

[K-161.] Vénus de Milo (la), par Ravaisson.

II. — Agriculture, économie rurale, jardinage.

(Voir pages 41 et 52.)

H-105. Age (traité de l') du cheval, du bœuf, du mouton, du chien et du cochon, par MM. Girard.

H-124. Basse-cour (les profits de la), par des Vaulx.

H-121. Chimie des champs (la), par le Dr Saffray.

H-107 à 108. Dictionnaire raisonné d'agriculture et d'économie du bétail, par Richard, 2 vol.

H-115. Élagage des arbres (l'), par le comte des Cars.

H-110. Éleveur-cultivateur (manuel hippique sommaire de l'), par Basserie.

H-113. Enseignement agricole (de l'utilité de l') , conférence par Alph. Claude.

H-109. Enseignement primaire (l') en présence de l'enquête agricole, par Pinet.

H-106. Extérieur (traité de l') du cheval et des principaux animaux domestiques, par Lecoq.

H-111. Femmes (du rôle des) dans l'agriculture, par P. E. C...

H-129. Fumiers et autres engrais animaux (des), par Girardin.

H-123. Insectes nuisibles à l'agriculture (les), moyens de les combattre, par Menault.

[K-182.] Insectes nuisibles aux récoltes (de la destruction des), par Hecquet d'Orval.

H-116. Maïs-fourrage (culture et ensilage du) et des autres fourrages verts, par Lecouteux.

H-112. Oiseaux (entretiens d'un instituteur sur l'utilité des), par Vial.

H-117. Oiseaux utiles (les) et les oiseaux nuisibles, par de la Blanchère.

H-128. Ortie (l'), ses propriétés, etc., par Eloffe.

H-118. Ouvriers de la ferme (les), le vacher, le bouvier, par Menault.

H-114. Petite école d'agriculture, par Joigneaux.

H-120. Physique des champs (la), par le D' Saffray.

H-126. Plante dans les appartements (la), par de la Blanchère.

H-127. Ravageurs des vergers et des vignes (les), leur histoire naturelle et les moyens de les combattre, par le même.

H-122. Ravageurs (les), récits sur les insectes nuisibles à l'agriculture, par Fabre.

H-130. Terre végétale (la), par S. Meunier.

H-119. Vie des champs (petits entretiens sur la), par Joigneaux.

H-125. Vin (du), ses propriétés, ses maladies, etc., par C. Husson.

J. — Bibliothèque du jeune âge.

(Voir pages 44 et 55.)

J-187. Amitié et dévouement, ou trois mois à la Louisiane, par Mme Lebrun.

J-180. Ane (histoire d'un) et de deux jeunes filles, par Stahl.

J-190. Artisans célèbres (les), par Valentin.

J-189. Artistes célèbres (galerie des), par Mme Fallet.

J-188. Berthe et Théodoric, par Champagnac.

J-174. Citadins et campagnards, par Mme de Witt.

J-183 à 184. Colons du Canada (les), par le capitaine Marryat, 2 vol.

J-195. Contes à mes nièces, par Mme Lockroy.

J-181. Contes des fées, par Perrault.

J-168. Contes (nouveaux) : Scaramouche, etc., par Mme Guizot.

J-169. Dumont d'Urville, par Joubert.

J-170. Enfant des bois (l'), par É. Berthet.

J-186. Famille à la campagne (une), par Mme de Witt.

J-171. Grimpeurs de rochers (les), par Mayne-Reid.

J-185. Hélène et ses amies, par Mme de Witt.

J-177. Histoires et leçons de choses, par Mme Pape-Carpantier.

J-193. Insectes les plus remarquables, par l'abbé Bourassé.

J-176. Livre du jour de l'an (le), par Louise Michel.

J-175. Maison blanche (la), par Mme de Pressensé.

[K-255 à 263.] Magasin d'éducation et de récréation, par J. Macé, Stahl et Verne, tomes X à XX. (Voir *Magasin*, page 53.)

[K-150.] Maréchal de Saxe (le), par Fallet.

J-178. Navire (histoire d'un), par Vimont.

J-175. Petit duc (le), par l'auteur de l'Héritier de Redclyffe.

J-194. Roche aux mouettes (la), par J. Sandeau.

J-172. Trésor de Nanette (le), par Mme de Stolz.

J-179. Vacances des jeunes Boërs (les), par Mayne-Reid.

J-182. Voyage en mer (mon premier), adapté de l'anglais par St...

J-191 à 192. Voyages (abrégé de tous les) du monde, 2 vol.

[K-141.] Zoologie du jeune âge, par Lereboullet.

NOMS DES DONATEURS

Depuis février 1873 jusqu'à juin 1879.

MM.

Ancelin (Félix).
Anonymes (donateurs).
Aron (M. et madame Maurice).
Balland (Ferdinand).
Bastien (madame veuve).
Baudrillart (H.), membre de l'Institut
Benoit (A.).
Bersin-Ancé.
Bertier (mademoiselle).
Blocq (la famille).
Blocq (M. et madame Louis).
Brashover (François).
Brice, jeune.
Briquelot (la famille).
Castel (Emile).
Cercle parisien de la Ligue de l'enseignement (le).
Chabert, auteur d'ouvrages historiques et bibliographiques sur la ville de Metz.
Colin (A.).
Comte.
Cordier (Julien).
Croissant (Albert).
Daulnoy (le commandant).
Daulnoy (Léon).
Denis (Léon).
Gasparin (madame la Ctesse de).
Goron, capitaine de marine retraité, à Nantes.

MM.

Henry (François).
Husson (Camille).
Jacquot (madame veuve), de St-Mansuy
Jacquot (madame veuve), de Toul.
Jolly (Léon).
Joly (le Dr N.), professeur à la Faculté des sciences de Toulouse, membre de l'Institut.
Lemaire (Timoléon).
Manginot (Etienne).
Masson-Fleur.
Mesnil-Marigny (du), publiciste.
Michelet, employé à l'École d'Alfort.
Ministère de l'instruction publique.
Naquard (le Dr Louis).
Néret.
Ory, rédacteur du Patriote mussipontain.
Ravaillier-Burnot.
René.
Rivière, aîné.
Robillot, père.
Société Franklin (la).
Tilly.
Trousset (madame veuve).
Vairel.
Vilmin (madame veuve).
Zinn.
Zurcher et Margollé, auteurs de nombreuses publications scientifiques.

TABLE

DU CATALOGUE ET DE SON SUPPLÉMENT

	Pages
Droits et obligations des lecteurs	2
Noms des donateurs	54, 86
Dépôt thionvillois	55

Lettre A. Connaissances utiles générales. — 1° Bibliographie.   57
    2° Religion, morale, famille, éducation.   3, 4, 57
    3° Hygiène, gymnastique.   4, 58
    4° Législation   5, 59
    5° Langue française.   6, 49, 59
    6° Enseignement, propagande intellectuelle.   6, 49, 59
    7° Récits instructifs et moraux, connaissances utiles diverses.   7, 49, 60
    8° Art militaire.   61
    9° Economie industrielle, économie politique.   10, 49, 61
    10° Publications renfermant des genres mêlés.   62

Lettre B. Philosophes et publicistes. — 1° Philosophie et
    religion   12, 62
    2° Sujets politiques, appréciations morales et historiques.   13, 63
    3° Variétés philosophiques et politiques.   14, 64

Lettre C. Histoire. — 1° Histoire des pays et des faits   15, 50, 65
    2° Histoire biographique, mémoires, épisodes   18, 50, 67

Lettres CC. Histoire universelle.   70

Lettre D. Géographie, descriptions, voyages.   21, 50, 70

Lettre E. Littérature. — 1° Théâtre.   24, 51, 73
    2° Dialogues historiques   74
    3° Poëtes anciens et étrangers.   25, 74
    4° Poëtes français.   25, 51, 74
    5° Compositions littéraires diverses.   25, 75
    6° Traités et critiques littéraires.   25, 75
    7° Langues étrangères.   28

Pages

Lettre F. Romans, ouvrages de fiction...................... 29, 51, 76

Lettre G. Sciences et industrie, beaux-arts.— 1° Mathématiques,
arpentage et dessin linéaire......................... 35, 52, 80
2° Sciences physiques, histoire naturelle, industrie........ 36, 52, 80
3° Beaux-arts 83

Lettre H. Agriculture, économie rurale, jardinage......... 41, 52, 83

Lettre I ou J. Bibliothèque du jeune age.................. 44, 53, 85

(La lettre K s'applique à une série numérique composée des ouvrages de
grand format; les titres de ces livres sont insérés, du moins en ce qui
concerne le supplément, aux places voulues par les analogies naturelles.)

Prix du catalogue complet : 50 centimes.

Le supplément seul : 25 centimes.

Toul. — Imprimerie de T. Lemaire.

BIBLIOTHÈQUE DES AMIS DE L'INSTRUCTION

SUPPLÉMENT

AU

CATALOGUE

Le catalogue principal accru d'un
premier supplément. . . . . **50 cent.**
Le présent supplément. . . . . . **25 cent.**

TOUL

TYPOGRAPHIE ET LITHOGRAPHIE DE T. LEMAIRE
Parvis de la Cathédrale, 6.

SUPPLÉMENT

AU

CATALOGUE

NOUVEAU SUPPLÉMENT AU CATALOGUE
1885

A. — Connaissances générales.

Instruction civique et morale.

A-445. Anonyme : Éducation civique : le passé, le présent, l'avenir.

A-428. Bert (Paul): Discours sur l'enseignement laïque.

A-432. — L'instruction civique à l'école.

A-416. Compayré (G.): Éléments d'éducation civique et morale.

A-431. Gréville (Mme H.) : Manuel d'instruction civique et morale (jeunes filles).

A-420. Macé (Jean): L'avènement du suffrage universel.

[K-321.] Ott (A.) : Un mot sur l'instruction primaire.

A-457. Vauchez (E.): Manuel d'instruction nationale.

Famille, éducation.

A-454. Bourgoint-Lagrange : Le livre des jeunes gens.

A-402. Chaput : Manuel de l'homme et de la femme comme il faut.

[K-289.] Hugo (V.) : Le livre des mères, les enfants.

A-399. Legouvé (E.) : Nos filles et nos fils.

A-423 à 424. — Les pères et les enfants au XIXe siècle, 2 vol.

A-453. Moyssan (du) : Code résumé des devoirs sociaux.

A-404. Pelletan (E.) : La famille, la mère.

A-455. Rozan (Ch.) : La jeune fille.

Lectures variées.

[K-265.] Auteurs divers : La lecture en famille.

...... — Le *Magasin pittoresque*, suite. Année 1878, K-264.
— Année 1879, K-309. — Années 1880, 1881, K-324
325. — Année 1882, K-342. — Année 1883, K-355.
— Année 1884, K-581.

[K-356, 357.] — Revue politique, littéraire et scientifique, 2 vol.

A-398. Bernardin de St-Pierre : Œuvres choisies.

A-400. Lévy (A.): La légende des mois.

[K-266.] Reynaud (Jean) : Lectures variées.

Droit usuel.

A-415, 421, 422. **Fenet**: Manuel, mémento ou moniteur du juré d'assises, 3 *exemplaires*.

Art militaire, éducation physique.

A-430. **Dalsème** : L'art de la guerre.

A-456. **Ligue** de l'enseignement : Instructions générales pour l'organisation des Sociétés de tir, de gymnastique ou d'éducation militaire.

Économie sociale.

A-405 à 407. **Block** (M.): Entretiens familiers sur l'administration de notre pays : 1° la France ; 2° le département ; 3° la commune ; 3 volumes.

A-433.   —   L'impôt et les formes qu'il affecte.

A-439. **Bruno** (G.) : Francinet.

A-408. **Challiol** : Petit traité des richesses.

A-419. **Clamageran** : Conférence sur les résultats du travail national depuis 1792.

A-409. **Desouches** : Etudes élémentaires politiques, sociales et philosophiques.

A-447. **Girette** : La civilisation et le choléra.

A-397. **Noel** (O) : Autour du foyer.

A-440. **Stanley Jevons** : L'économie politique.

A-403. **Watteville** (de) : Code de l'administration charitable.

Statistique industrielle.

[AA-1 à 97.] *Rapports* sur les produits français admis aux expositions universelles de Paris, Londres, Vienne et Philadelphie. — Demander notre bulletin de 1884, où sont inscrits les titres spéciaux de ces 97 volumes.

Créations relatives à l'instruction primaire.

A-438. **David** : Méthode de lecture.

A-418, 448. **Narjoux** : Construction des écoles primaires et salles d'asiles, 2 *exemplaires*.

A-437. **Lévy** et **Bocaude** : Application de la loi sur l'instruction obligatoire.

A-429. **Tourasse**: Notices et lettres sur les bibliothèques cantonales.

Bulletins et journaux d'enseignement.

A-449. **Bulletin** d'éducation et d'instruction fondé par **Tourasse**, an. 1881 à 1884.

A-412, 427, 454, 441. 444, 452. **Bulletins** de la Ligue française de l'enseignement et du Cercle parisien, années 1878 à 1884.

A-411, 426, 456, 442, 450. **Bulletins** de la Société Franklin, mêmes années.

A-410, 425, 455, 445, 451. **Bulletins** de la Société pour l'enseignement élémentaire, mêmes années.

[K-290, 291, 310, 511, 522, 525, 545, 558.] *Journal* l'Ecole, an. 1870 à 1885.

[K-519.] Programme d'examen, leçons et devoirs, publication de « l'Ecole. »

[K-567, 384] *Journal* le Drapeau (Ligue des Patriotes), an. 1883 et 1884.

Discussions et statistiques d'enseignement.

A-401, 417. Congrès des sociétés d'instruction à Besançon et à Amiens, 2 volumes.

A-413, 414. Enquête sur l'obligation, la gratuité et la laïcité, 2 vol.

[K-307, 508.] Statistique de l'enseignement primaire, 2 volumes.

A-446. L'enseignement supérieur devant le Sénat.

B. — Philosophie et politique.

Philosophie, croyances.

B-213. **Bert** (Paul): La morale des Jésuites.
B-208 à 209. **Gasparin** (A. de): La Bible, 2 volumes.
B-262 à 263.   — La liberté morale, 2 vol.
B-274.   — La liberté religieuse.
B-272. **Gréard** (O.): De la morale de Plutarque.
B-202. **Michelet**: Le prêtre, la femme et la famille.
B-206.   — La sorcière.
B-212. **Portevin** (L.): La religion des Jésuites.

Politique, science sociale.

B-271. **Bouron**: Guerre au crédit, dangers de l'emprunt.
B-216. **Pompéry** (de): Despotisme ou socialisme.

B-217. Pompéry (de): La question sociale dans les réunions publiques.
B-257. Proudhon (P.-J.) : Théorie de l'impôt.
B-270. Rousseau (J.-J.) : Du contrat social.
B-266. Spencer (Herbert) : Introduction à la science sociale.
B-259. — De l'éducation dans la démocratie.

Systèmes philosophico-politiques.

B-221 à 255;
[K-326, 359.] St-Simon et Enfantin : Œuvres, tomes XIV à XLVII de la
collection générale ; correspondance politique, science de
l'homme.

Appréciations historiques.

B-218, 219. Caro (E.) : La fin du XVIIIe siècle, 2 vol.
B-203, 204. Loménie (de) : Les Mirabeau, 2 volumes.
B-207. Michelet : Les soldats de la Révolution.
B-256. Pelletan (E.) : Décadence de la monarchie française.
B-258. Proudhon (P.-J.) : Idée générale de la Révolution.
B-198 à 201. Quinet (E.) : Œuvres diverses : 1° Christianisme et Révolu-
tion, etc.; 2° Génie des religions, etc.; 3° Promé-
thée, etc.; 4° Les Jésuites, etc.
B-195 à 197. — La Révolution, 3 vol.
B-211. Renan (E.) : Rome et le christianisme ; Marc-Aurèle.
B-215. — Vie de Jésus.
B-210. Scherer (E.) : Mélanges d'histoire religieuse.
B-220. Ussel (d') : Essai sur l'esprit public dans l'histoire.

Appréciations sur les temps actuels.

B-267. Dessoye (A.) : Jean Macé et la fondation de la Ligue de l'en-
seignement.
B-214. Frary (R.) : Le péril national.
B-269. Gasparin (A. de) : Les perspectives du temps présent.
B-205. Prevost-Paradol : La France nouvelle.

Variétés morales et politiques.

B-275. Arouet : Echos de l'esprit moderne.
B-273. Bersot (E.) : Etudes et discours.
B-261. Gasparin (A. de) : Discours politiques de 1843 à 1846.
B-260. — Trois paroles de paix.

B-268. Gasparin (Mme de) : Les horizons célestes.
B-264. — Vesper.
B-276. La Bruyère : Les Caractères.
B-265. Nus (Eug.) : Nos bêtises.
B-277. Portevin (Louis): Lettre de Ste Geneviève au cardinal Guibert, Archevêque de Paris.

C. — Histoire.

Histoire ancienne.

C-676. Fustel de Coulanges : La cité antique.
C-595, 596. Michelet : Histoire de la République romaine, 2 vol.

Histoire du moyen-âge.

C-683. Gosset : Histoire du moyen-âge.
C-664. Michelet : Les Croisades.

Histoire moderne.

C-597. Michelet : Précis de l'histoire moderne.
C-613 à 618. — Histoire de la Révolution française, 6 vol.
C-607 à 609. — Histoire du XIX° siècle, depuis l'origine de Bonaparte jusqu'à Waterloo, 3 vol.

Histoire des idées et de la civilisation.

C-700. Brelay (E.): Les classes agricoles avant et après la Révolution.
C-699. Dedieu : Autrefois, aujourd'hui.
C-678. Despois : Les lettres et la liberté.
C-619. Goepp et Ducoudray : Le patriotisme en France.
C-611. Lacombe : Le patriotisme.
C-663. Lanfrey : Histoire politique des papes.
[K-304.] Poupin et Blanpain : Histoire des Jésuites.

Histoire générale et histoire de France.

C-689. Anquez : Histoire de France.
[K-360à366.] Auteurs divers : Bibliothèque historique et militaire, 7 volumes.

[K-267à274.] CHALLAMEL : Mémoires du peuple français, 8 vol.

C-665. CHEVALLIER : Abrégé d'histoire populaire de la France.

C-671 à 675. DELORD (T.) : Histoire du second Empire, 6 volumes. Le tome
cinquième = 674 bis.

C-621 à 650. GARNIER : Histoire de France (1787), 30 vol.

[K-312à318] GUIZOT : Histoire de France racontée à mes petits-enfants,
7 volumes.

C-702 à 708. MARTIN (H.) : Histoire de France de 1789 à nos jours, 7 vol.

C-653. NAQUET (G.) : Quatre-vingts ans en quatre-vingts minutes.

Victoires et influence françaises.

C-660. DUPUIS : La conquête du Tong-kin par 27 Français.

C-600. RAMBAUD : L'Allemagne sous Napoléon Ier.

C-599. — Les Français sur le Rhin (1792-1804).

C-598. TOPIN : L'Europe et les Bourbons sous Louis XIV.

Défense nationale.

C-701. BASTARD (G.) : La défense de Bazeilles.

[K-305,306.] CRÉMIEUX : Actes de la délégation du gouvernement de la
Défense nationale à Tours et à Bordeaux, 2 vol.

[K-344.] DALSÈME : Paris sous les obus.

C-685. GAFFAREL : La défense nationale en 1792.

C-603. QUINET (E.) : Histoire de la campagne de 1815.

Histoire provinciale et locale.

C-681, 682. CHARTON (Ch.) : Les anciennes guerres de Lorraine, 2 vol.

C-654. GEORGEOT (Ch.) : Conférence sur l'histoire de Remiremont.

C-694 à 697. LAFOSSE : Histoire des environs de Paris, 4 vol.

C-659. ORY (E.) : Causeries sur Pont-à-Mousson.

C-610. SIEBECKER : Les grands jours de l'Alsace.

Peuples slaves.

C-655. KORCZAK-BRANICKI : Les nationalités slaves.

C-602. RAMBAUD : Français et Russes, Moscou et Sévastopol.

C-601. — Histoire de la Russie.

Biographie, portraits et mémoires.

[K-276.] ARMAGNAC : Histoire de Turenne.

C-669. BARNI : Les martyrs de la libre pensée.

C-661, 662. BIONNE : Dupleix, 2 volumes.

C-620. BOREL : Le comte Agénor de Gasparin.

[K-275.] BOUTEILLER (de) : Le maréchal Fabert.

C-668. CRAVEN (Mme): La jeunesse de Fanny Kemble.

C-690. DEPASSE : Carnot.

[K-345] ENNE et MONPROFIT : Le Panthéon républicain.

[K-327, 328.] FIGUIER: Vies des savants illustres, XVIIe et XVIIIe siècles, 2 vol.

C-684. FRANKLIN : Mémoires.

C-679. GAUTIER (Th.) : Les Grotesques.

C-612. GAY DE VERNON : Vie du maréchal Gouvion-St-Cyr.

C-686, 687. GOEPP et MANNOURY D'ECTOT : Marins français, 2 vol.

C-667. GUIZOT : L'amour dans le mariage.

C-709. HUGO (V.) : Napoléon le petit.

C-698. LECOCQ : Histoire populaire de Camille Desmoulins.

C-688. MAZE (H.) : Kléber.

C-666. MARTIN (H.) : Galilée.

C-604. MICHEL (G.) : Histoire de Vauban.

C-670. MICHELET : Les femmes de la Révolution.

C-692, 693. MIGNET : Histoire de Marie Stuart, 2 vol.

C-691. — Vie de Franklin.

C-605. PELLETAN (E.) : Jarousseau, le pasteur du désert.

C-606. QUINET (E.) : Histoire de mes idées.

C-710, 711. — Lettres d'exil, 2 vol.

C-656 à 658. RÉMUSAT (Mme de) : Mémoires, 1802 - 1808, 3 vol.

C-651, 652. ST-RENE TAILLANDIER : Le roi Léopold et la reine Victoria, 2 volumes.

C-677. VACQUERIE (A.) : Profils et grimaces.

C-680. VOIVREUIL (de) : Jacquard, ou l'ouvrier lyonnais.

D. — Géographie, descriptions, voyages.

Autour du monde.

[K-277] AUTEURS divers : Le Tour du monde, année 1878.

D-233. BLERZY : Les colonies anglaises.

D-240. CAT (Edouard): Découvertes maritimes du XIIIe au XIVe siècle.

D-214. COMETTANT (O.) : Les civilisations inconnues.
D-231. DENIS (L.) : Tunis et l'île de Sardaigne.
D-259. DUMONT D'URVILLE : Voyage autour du monde.
D-232. GROVE : Océans et continents.
D-227. HANNO : Les villes retrouvées.
D-198, 199. RECLUS (O.) : La terre à vol d'oiseau, 2 vol.
D-229. SAND (Maurice) : Six mille lieues à toute vapeur.
D-241 à 246. SOCIÉTÉ de Géographie de l'Est: Bulletin, années 1880 à 1885, 6 vol. parus.
D-223, 224. VERNE (J.) : Les voyageurs du XIXᵉ siècle, 2 vol.

France et colonies.

D-201. ABOUT (E.) : Alsace.
D-212, 213. BENOIT : Descriptions de monuments funéraires d'évêques de Toul, 2 exemplaires.
D-234. GAZEAU : Les frontières de la France.
D-205, 206. NIEL (O.) : Géographie de l'Algérie, 2 vol.
D-215. RÉGIS (L.) : Constantine.
D-200. THEURIET (A.) : Sous bois.
[K-329.] VIOLLET-LE-DUC : Histoire d'un hôtel de ville et d'une cathédrale.

Europe.

D-220, 221. DUMAS (Al.) : Le Corricolo, 2 vol.
D-237. FIGUIER (Mme) : L'Italie d'après nature.
D-202, 203. HEINE (Henri) : Reischilder, 2 vol.
D-207 à 211. LABORDE : Itinéraire descriptif de l'Espagne, 5 vol.
D-218, 219. TAINE : Voyage en Italie, 2 vol.
D-228. TISSOT (V.) : Russes et Allemands.

Asie.

D-236. FONTPERTUIS (de) : Chine, Japon, Siam et Cambodge.
D-250. PALGRAVE : Une année dans l'Arabie centrale.
D-204. VILLETARD : Le Japon.

Afrique.

D-217, 238. CHARMES (G.) : Cinq mois au Caire, 2 exemplaires.
D-226. COTTE : Le Maroc contemporain.
D-235. DROHOJOWSKA (Mme) : L'Egypte et le canal de Suez.
D-222. DUBARRY : Voyage au Dahomey.
D-216. GAZEAU DE VAUTIBAULT : Le Transsaharien.

Océanie.

D-225. Vattemare : A travers l'Australie.

E. — Littérature, polygraphie.

Auteurs polygraphes.

E-368, 369. Diderot : Œuvres choisies, 2 vol.
E-319 à 355. Rousseau (J.-J.) : Œuvres complètes, 37 vol., savoir : Discours sur l'inégalité, etc., 319. — Contrat social, etc., 320. — La nouvelle Héloïse, 321 à 324. — Emile, 325 à 328. — Dictionnaire de musique, 329 à 331. — Théâtre et épîtres, 332 à 333 — Les confessions, 334 à 337. — Dialogues, 338, 339. — Lettres à de Beaumont ; à d'Alembert ; écrites de la montagne, 340 à 342. — Polysynodie, discours sur le rétablissement des sciences et des arts, 343. — Traductions et mélanges, 344. — Musique moderne ; origine des langues, 345. — Botanique ; rêveries, 346. — Correspondance, 347 à 353. — Pièces diverses, 354, 355.
E-405. Voltaire : Epîtres, stances et odes.
E-395.   —   Œuvres choisies.
E-406.   —   Poëmes et discours.

Traités, choix et critiques littéraires.

E-307. Albert (P.): La poésie, études sur les chefs-d'œuvre de tous les pays.
E-308.   —   La prose,   id.   id.
E-362.   —   La littérature française au xviiie siècle.
E-399 à 401. Gidel : Histoire de la littérature française, 3 vol.
E-391. Gomien : Traité de littérature.
E-402 à 404. Grisot et Lebaigue : Morceaux choisis de la littérature française, 3 vol.
E-313, 314. La Harpe : Abrégé de la littérature, 2 vol.
E-360. Rozan (Ch.) : A travers les mots.
E-309, 310. Sainte-Beuve : Causeries du lundi, tomes IV et V.
[K-297.] Société des gens de lettres : Le trésor littéraire de la France.

Théâtre.

E-370 à 377. Auteurs comiques : Chefs-d'œuvre, 8 vol.

E-393. Chenier (Joseph) : Théâtre.

E-389. Dumas (Al.) fils : Le Demi-monde.

E-383 à 388. — Théâtre complet, 6 vol.

E-357. Erckmann-Chatrian : Alsace !

E-311. Goethe : Faust complet.

[K-347.] Hugo (V.) : Les Burgraves.

[K-546.] — Torquemada.

E-407 à 416. Labiche : Théâtre, 10 vol.

E-358. Lamartine : Toussaint Louverture.

E-390. Pailleron : Le monde où l'on s'ennuie.

Drames historiques et philosophiques.

E-317. Rémusat (Ch. de) : Abélard.

E-318. — La Saint-Barthélemy.

E-306. Renan (E.) : Caliban.

Poésie.

E-366. Banville (de) : Odes funambulesques.

E-395. Barthelémy et Méry : Napoléon en Egypte.

E-397. Béranger (le) des familles.

E-398. Bouilhet (L.) : Melænis, conte romain.

E-312. Delille : Les Jardins.

E-380. Hugo (V.) : L'art d'être grand-père.

E-392. — Les Châtiments.

E-378, 379. — Les Contemplations, 2 vol.

E-381. — La Légende des siècles.

[K-330,531.] — Les quatre vents de l'esprit, 2 vol.

E-316. — Religions et religion.

E-515. Legouvé (J.-B.) : Le mérite des femmes.

E-356. Liouville (Ern.) : Choix de fables mises en vers.

E-382. Millevoye : Poésies.

E-367. Mistral (F.) : Miréio (Mireille).

E-363, 364. Musset (A. de) : Poésies, 2 vol.

E-396. Paté (Lucien) : Poésies.

E-359. Pion (Ern.) : Au fond de la cartouchière.

E-361. Sully-Prudhomme : La Justice.

E-365. Vacquerie (A.) : Mes premières années de Paris.

F. — Romans, récits et nouvelles.

F-505 ABOUT (E.) : L'Homme à l'oreille cassée.
F-684. — Les Mariages de Paris.
F-683. — Les Mariages de province.
F-504. — Le Nez d'un notaire.
F-560. — Le Roman d'un brave homme.
F-737. — Tolla.
F-755. — Le Turco.
F-734 à 736. — La Vieille Roche, 3 vol.: I, le Mari imprévu; II, les Vacances de la comtesse; III, le Marquis de Lanrose.
F-572. ACHARD (Am.) : Belle-Rose.
F-752. — Les Filles de Jephté.
F-751. — Noir et Blanc.
F-908. — Récits d'un soldat.
[K-370, 371.] AIMARD (G.): Le Baron Frédérick, 2 vol. (I. Le Baron Frédérick; le Loup-garou.—II, Pris au piège; les Fouetteurs de femmes; la Revanche).
[K-372.] — Les Révoltes. Le Rapt. la Guérilla fantôme. Le fils du Soleil.
[K-373.] AIMARD (G.) et J.-B. d'AURIAC: La Chasse à l'homme. Mariami l'Indienne. L'Héroïne du désert. L'Œuvre infernale L'Ami des Blancs. Le Poteau de la mort. Un duel au désert.
F-1020. ALTIERI (Olga) : Fleur de neige.
F-1019. — Le Mensonge de Sabine.
F-1018. — Poverina.
F-607, 608. ARMAND : Mes débuts en Amérique, 2 vol.
F-609, 610. — A la frontière indienne, 2 vol.
F-611. — Ma vie au pays des sauvages.
F-612, 613. — Mes chasses à la frontière des Indiens, 2 vol.
F-614. — Épisode de la guerre du Mexique; mes trois gouvernantes.
F-767, 768. ASSOLLANT (A.) : La Croix des Prêches, 2 vol.
F-770. — Deux Amis en 1792.

F-540. Assollant (A.): Hyacinthe.

F-999. — Un Mariage au Couvent.

F-769. — La Mort de Roland.

F-766. — Le Vieux Juge.

[K-369.] Auteurs divers : La Muse du département, par Balzac. Les Frères de la côte, par Emmanuel Gonzalès. Plick et Plock, par Eugène Süe. La Bonne Aventure, par le même.

F-539. Badère (Mme) : Tartufe et Diable rose.

F-701. Badin (A.) : Petits côtés d'un grand drame.

F-779. Balzac (H. de) : Le Curé de village.

F-778. — Le Médecin de campagne.

F-1029. — Le Père Goriot.

F-865. Barracaud : Le Bonheur au village, suivi de : La patrie avant tout, par F. Diény.

F-596. Beaumont (A.) : Le Legs du cousin Drack.

F-914. Beecher-Stowe (Mme): La Case de l'oncle Tom.

F-917. Bentzon (Th.) : Récits de tous les pays.

F-703. Bernard (Ch. de) : Les Ailes d'Icare.

F-707, 708. — Le Gentilhomme campagnard, 2 vol.

F-709. — Gerfaut.

F-706. — Un Homme sérieux.

F-705. — Le Paravent.

F-704. — La Peau du lion.

F-794. Berthet (Elie): L'Année du grand hiver (1709).

F-616. — La Bête du Gévaudan.

F-476. — Les Cagnards de l'Hôtel-Dieu de Paris.

F-798. — Le Charlatan.

[K-377]. — Les Chauffeurs. Paul Duvert. Monsieur de Blangy. Mlle de la Fougeraie. Le gentilhomme verrier.

[K-375]. — La Falaise Ste-Honorine. Une mystérieuse aventure. Le Val Perdu. La Folle des Pyrénées. L'assassin du percepteur.

F-792. — La Famille Savigny.

F-515. — La Fontaine de la fidélité.

[K-376]. — L'Homme des bois. Le Château de Montbrun. Un cadet de Normandie. Le Braconnier.

F-796. — L'Incendiaire.

F-797. — Maître Bernard.

F-793. Berthet (Elie) : La Marchande de tabac.

F-795. — Le Martyre de la Boscotte.

F-514. — Le Pacte de famine.

F-696. — Le Sac de La Ramée.

[K-383]. — Les Trois Spectres; suivi d'Une passion indienne, par G. Aimard.

F-615. — Le Val d'Andorre.

F-581. Biart (Lucien) : Les Ailes brûlées.

F-582. — A travers l'Amérique.

F-755. — La Capitana.

F-753. — Les Clientes du docteur Bernagius.

F-934. — Le Fleuve d'or.

F-754. — Le Bisco. Une passion au Mexique.

F-834. Blandy (S.) : La Dernière chanson.

F-835. — Le Procès de l'absent.

F-1035. Boisgobey (F. du) : L'Auberge de la Noble-Rose.

F-1001. — Le Pouce crochu.

F-1003. Bonnières (R. de) : Les Monach.

F-1004, 1005. — I. Le Point noir. II. Un gendre.

F-652, 653. Braddon (miss) : Aurora Floyd, 2 vol.

F-525, 526. — Un Fruit de la mer Morte, 2 vol.

F-846, 847. — Henry Dunbar, 2 vol.

F-650, 651. — Joshua Haggard, 2 vol.

F-521, 522. — Les Oiseaux de proie, 2 vol.

F-654, 655. — — (suite) : l'Héritage de Charlotte, 2 vol.

F-848, 849. — Le Secret de lady Audley, 2 vol.

F-491, 492. — Le Testament de John Marchmont, 2 vol.

F-523, 524. — Le Triomphe d'Éléanor, 2 vol.

F-816. Bremer (Mlle) : Hertha ou l'histoire d'une âme.

F-830. Bret-Harte : Scènes de la vie californienne.

F-624. Broughton (Rhoda) : Adieu les amoureux !

F-988. — Belinda.

F-989. — Follement et passionnément.

F-625. — Fraîche comme une rose.

F-626. — Joanna.

F-627. — Le Roman de Gilliane.

F-854. Bulwer-Lytton : Alice, ou les Mystères.

F-850. — Ernest Maltravers.

[K-350]. Cahun (Léon) : Les Mercenaires.

F-1007. Canivet (Ch.) : Jean Dagoury.

F-503. Carlén (Mme) : Deux jeunes femmes.

F-913. Celières (Paul) : Contez-nous cela !

F-1032. Champfleury : Les Aventures de Mariette.

F-1039. — Les souffrances du professeur Delteil.

F-529. Chandeneux (Claire de) : Blanche-Neige.

F-780 à 783. — Les Ménages militaires, 4 vol.: I, la Femme du capitaine Aubépin ; II, les Filles du colonel ; III, le Mariage du trésorier; IV, les Deux Femmes du major.

F-1017. Charnacé (Guy de) : Le Baron Vampire.

F-905. Chazel (Prosper) : Histoire d'un forestier.

F-710. Cherbuliez (V.) : Le Comte Kostia.

F-944. — La Ferme du Choquard.

F-942. — Le Fiancé de Mlle St-Maur.

F-714. — Le Grand œuvre.

F-713. — L'Idée de Jean Téterol.

F-565. — Meta Holdenis.

F-660. — Miss Rovel.

F-677. — Noirs et rouges.

F-945. — Olivier Maugant.

F-678. — Paule Méré.

F-943. — Le Prince Vitale.

F-711. — Prosper Randoce.

F-477. — Le Roman d'une honnête femme.

F-712. — Samuel Brohl et Cie.

F-799. Cherville (G. de) : Muguette.

F-570. Chrétien (Ch.) : Le Roman d'un fourrier.

F-518. Collas (Louis) : Le Fils du garde-chasse.

F-861, 862. Collins (W.) : La Femme en blanc, 2 vol.

F-948, 949. — Mari et femme, 2 vol.

F-859, 860. — Pauvre Lucile, 2 vol.

F-863, 864. — Sans nom, 2 vol.

F-748. Conscience (Henri) : Les Bourgeois de Darlingen.

F-538. — Le Démon de l'argent.

F-992. — La Fiancée du maître d'école.

F-909. — Histoire de deux enfants d'ouvriers.

F-638, 639. — Le Lion de Flandre, 2 vol.

F-993. — La Maison bleue.

F-747. — Le Remplaçant.

F-640, 641. — Le Tribun de Gand, 2 vol.

F-994. CONSCIENCE (Henri) : Les Veillées flamandes.
F-478. CONSCIENCE (Marie) : La Pièce de vingt francs.
F-630. COOPER (F.) : A bord et à terre.
F-498. — Le Bourreau de Berne.
F-629. — Les Deux Amiraux.
F-628. — Ève Effingham.
F-502. — Les Lions de mer.
F-497. — Les Monikins.
F-500. — Le Paquebot.
F-911. — La Prairie.
F-501. — Satanstoë.
F-631. — — (suite): Ravensnest.
F-499. — Wyandotté.
F-658. COPPÉE (F.) : Contes en prose.
F-775. COURCY (A. de) : Château à vendre.
F-564. — Le Roman caché.
F-774. — Trop tard.
F-844. CRAIK (Mme) : Un Amour à la vieille mode.
F-561. CRAVEN (Mme) : Anne Séverin.
F-996, 997. — Fleurange, 2 vol.
F-562, 563. — Le Mot de l'énigme, 2 vol.
F-790. DAUDET (A.): Aventures prodigieuses de Tartarin de Tarascon.
F-676. — L'Évangéliste.
F-682. — Lettres de mon moulin.
F-516. — Le Nabab.
F-791. — Robert Helmont.
F-517. — Les Rois en exil.
F-589. DAUDET (E.) : La Maison de Graville.
F-588. — Le Mari.
F-818. DELTUF (Paul) : Les Tragédies du foyer.
F-644. DESLYS (Ch.) : La Dot d'Irène.
F-541. — La Fille à Jacques.
F-645. — Le Serment de Madeleine.
(K-332). DESLYS et CORTAMBERT : Le Pays du soleil.
F-918, 919. DICKENS (Ch.) : Aventures de M. Pick-Wick, 2 vol.
F-856, 857. — Les Grandes Espérances, 2 vol.
F-1012. DIONYS : Les funérailles du passé.
F-833. — Monseigneur l'évêque d'Ylaguirre.
F-828. DUBARRY (Arm.) : Les Colons du Tanganyika.

F-955, 956. DUMAS (Al.) : Le Chevalier d'Harmenthal, 2 vol.
F-591, 592. — Le Chevalier de Maison-Rouge, 2 vol.
F-866 à 868. — Les Compagnons de Jéhu, 3 vol.
F-873 à 878. — Le Comte de Monte-Cristo, 6 vol.
F-899 à 902. — Création et rédemption : I, le Docteur mystérieux, 2 vol.; II, la Fille du marquis, 2 vol.
F-890 à 892. — La Dame de Montsoreau, 3 vol.
F-962 à 964. — Les Deux Diane, 3 vol.
F-969, 970. — La Guerre des femmes, 2 vol.
F-695. — Histoire de mes bêtes.
F-903, 904. — L'Ile de feu, 2 vol.
F-870 à 872. — Les Louves de Machecoul, 3 vol.
F-869. — Les Mariages du père Olifus.
F-965 à 968. — I, Mémoires d'un aveugle, 2 vol.; II, les Confessions de la Marquise, 2 vol.
F-957 à 961. — Mémoires d'un médecin : Jeseph Balsamo, 5 vol.
E-893 à 895. — — (suite) : Le Collier de la reine, 3 vol.
F-692 à 693. — — (suite) : Ange Pitou, 2 vol.
F-974 à 979. — — (suite) : La Comtesse de Charny, 6 vol.
F-971 à 973. — Olympe de Clèves, 3 vol.
F-896 à 898. — Les Quarante-cinq, 3 vol.
F-954. — Sultanetta.
F-879 à 889. — I, les Trois Mousquetaires, 2 vol.; II, Vingt ans après, 3 vol.; III, le Vicomte de Bragelonne, 6 vol.
F-694. — La Tulipe noire.
F-938. DUMAS (Al.) *fils* : Antonine.
F-665. — La Dame aux camélias.
F-937. — Le Roman d'une femme.
F-936. — Sophie Printemps.
F-1014. DURUY (Georges) : Andrée.
F-580. EDGEWORTH (Miss) : Demain; Mourad le malheureux.
F-1010. EDMOND (Ch.) : La Bûcheronne.
F-635, 636. ELIOT (G.) : La Famille Tulliver, 2 vol.
F-637. — Silas Marner.
F-519. ENAULT (Et.) : Diane de Kerdoval.
F-931. — Gabrielle de Célestange.
F-510. ENAULT (L.) : Alba.
F-486. — La Vierge du Liban.
F-906. ERCKMANN-CHATRIAN : L'Ami Fritz.

F-924. Erckmann-Chatrian : Avant 89.

[K-351]. — Le Banni.

F-511. — Le Grand-père Lebigre.

[K-333]. — Histoire d'un paysan, 1793.

[K-334]. — — — 1794-1815.

[K-335]. — Histoire d'un paysan (complète).

[K-336]. — Histoire d'un sous-maître.

[K-352]. — Hugues le Loup ; Contes des bords du Rhin.

F-1008. Eyma (X.) : Le Roi des tropiques.

F-593. Fabre (Ferd.) : L'Abbé Tigrane, candidat à la papauté.

F-509. — Barnabé.

F-507. — Le Chevrier.

F-508. — Les Courbezon.

F-821. — Julien Savignac.

F-810. Feuillet (Octave) : Les Amours de Philippe.

F-583. — Histoire de Sibylle.

F-738, 739. Feydeau (Ern.) : Le Secret du bonheur, 2 vol.

F-623. Figuier (Mme) : Nouvelles languedociennes.

F-1009. Forgues (E. D.): Lady Tattersall.

F-814. France (Anatole) : Le Crime de Sylvestre Bonnard, membre
de l'Institut.

F-990. France (Jeanne): La Baronne de Langis.

F-571. Fullerton (lady) : L'Oiseau du bon Dieu.

F-620. Gagneur (Mme) : Un Chevalier de sacristie.

F-621. — La Croisade noire.

F-785. Gandon (Ant.) : Le Grand Godard.

F-800. — Les Trente-deux Duels de Jean Gigon.

F-817. Garcin (Mme) : Nora.

F-1023. Gasparin (Mme de) : Les Horizons prochains.

F-594, 595. Gautier (Th.) : Le Capitaine Fracasse, 2 vol.

F-815. — Le Roman de la momie.

F-554. Gérard (A.) : Reniée.

F-553. — Trop jolie.

F-664. Girardin (Mme Emile de) : La Croix de Berny.

F-743. Girardin (J.): Le Locataire des demoiselles Rocher.

[K-292 à 295.] — i, L'Oncle Placide ; ii, iii, iv, le neveu de l'oncle Placide, 4 vol.

F-744. — Les Théories du docteur Wurtz.

F-575. Gonzalès (Emm.) : Les Frères de la côte.

F-634. Gotthelf (J.) : L'héritage du cousin Hans Joggeli.

F-632, 633. — Les Joies et les souffrances d'un maître d'école, 2 vol.

F-746. Gozlan (L.) : Les Aventures de Polydore Marasquin.

F-1036. Grave (Th. de) : Les Drames de l'épée.

F-716. Gréville (Mme Henry) : Ariadne.

F-495. — Cité Ménars.

F-493. — Croquis.

F-587. — Les Degrés de l'échelle.

F-584. — Les Épreuves de Raïssa.

F-496. — L'Héritage de Xénie.

F-717. — L'Ingénue.

F-715. — Louis Breuil.

F-488. — La Maison de Maurèze.

F-549. — Les Mariages de Philomène.

F-494. — Marier sa fille.

F-585, 586. — Le Moulin Frappier, 2 vol.

F-718. — La Niania.

F-939. — Les Ormes.

F-487. — Sonia.

F-479, 480. — Un Violon russe, 2 vol.

F-787. Hager (Nelly) : Le Drapeau de Valmy.

F-1000. Hailly (G. d') : Fleur de pommier.

F-663. Halévy (L.) : L'Abbé Constantin.

F-826. Halt (Robert) : Une Cure du docteur Pontalis.

F-622. Hawthorne (N.) : La Lettre rouge.

F-855. — La Maison aux sept pigeons.

F-858. Hildreth : L'Esclave blanc.

F-671 à 674. Hoffmann : Contes fantastiques, 4 vol.

F-935. Hugues (W. L.) : Récits d'un humoriste.

F-597 à 601. Hugo (V.) : Les Misérables, 5 vol.

F-855. Jenkin (Ch.) : Qui casse paie.

F-528. Johnson (Daniel) : La Comédie politique en Europe.

F-543. Jokai (Maurice) : Les Fils de l'homme au cœur de pierre.

F-813. Jolliet (Ch.) : La Balle de cuivre.

F-1034. — Une Reine de petite ville.

F-923. Jonchère (Ern.) : Clovis Bourbon, excursion dans le vingtième siècle.

F-925. Julliot (F. de) : Terre de France.

F-546. Jusselain (Arm.) : Un Déporté à Cayenne.

F-838. Kiernen (Ch.) : Les Drames de la Croix-Noire.

F-837. Kingston : Aventures périlleuses chez les Peaux-Rouges.

F-530. Krafft-Bucaille (Mme) : Le Secret d'un dévouement.

[K-382.] Labourieu (Th.) : Mémoires d'un déporté.

F-761. Landelle (G. de la) : L'Amour de Nicette.

F-1038. — L'Amour de Ninette.

F-702. — Un Corsaire de la Terreur.

F-759, 760. — La Gorgone, 2 vol.

F-762. — Une Haine à bord.

F-765. — Pauvres et mendiants.

F-763. — La Plus heureuse des femmes.

F-764. — Rose Printemps.

F-481. Lavigne (E.) : Le Roman d'une nihiliste.

F-950. Lawrence (G.-A.) : Maurice Dering.

F-808 Lélu (Paul) : En Algérie, souvenirs d'un colon.

F-618. Leouzon-le-Duc : Nouvelles du Nord.

F-542. Lescure (de) : Le Démon des Montchevreuil.

F-1006. Maizeroy (R.) : La Dernière Croisade.

F-929. Malot (Hector) : Micheline.

F-698, 699. — La Petite Sœur, 2 vol.

F-930. — Le Sang-Bleu.

F-812. Marcel (Et.) : Pile ou face.

F-981. Marchand (V.) : L'Utopiste.

F-1016. Maréchal (Marie) : L'Hôtel Voronzoff.

F-1015. — Un mariage à l'étranger.

F-811. — La Roche Noire.

F-578, 579. Marlitt (E.) : Élisabeth aux cheveux d'or, 2 vol.

F-576, 577. — La Seconde Femme, 2 vol.

F-773. — La Servante du régisseur.

F-809. Marmier (X.) : Gazida.

F-617. — Nouvelles danoises, traduction.

F-823. Maryan (M.) : Le Manoir des célibataires.

F-520. — Les Rêves de Marthe.

F-569. Masoch (Sacher) : A Kolomea, contes juifs et petits-russiens.

F-568. Masson (Michel) : Daniel le lapidaire.

F-552. — Les Gardiennes.

F-551. — Les Historiettes du père Broussaille.

F-700. Mayne-Reid : La Chasse au Léviathan.

F-534. — Les Chasseurs de chevelures.

F-535. MAYNE-REID : Les Deux Filles du squatter.
F-537.   —   La Quarteronne.
F-643.   —   Le Roi des Séminoles.
F-536.   —   La Sœur perdue.
F-1025. MÉRY : Le Bonnet vert.
F-912. MÉZIÈRES (Alf.) : Récits de l'invasion.
F-786. MOLAND (Louis) : Le Roman d'une fille laide.
F-995. MOUEZY (André) : Les Révoltes de Simone.
F-772. MULLER (Eug.) : Un Français en Sibérie.
F-771.   —   Madame Claude.
F-590.   —   La Mionette.
F-831, 832. MULOCK (miss) : Le Chef de famille, 2 vol.
F-551, 552.   —   John Halifax gentleman, 2 vol.
F-784. MURGER (Henry) : Les Buveurs d'eau.
F-670. MUSSET (Paul de) : La Bavolette.
F-836. NADAR : Quand j'étais étudiant.
F-1013. NARJOUX (Félix) : Monsieur le Préfet des Hauts-Monts.
F-489. NAVERY (Raoul de) : Les Naufrageurs.
F-1002. NIVELLE (Jean de) : La Nièce de l'organiste.
F-619. NOEL (E.) : Mémoires d'un imbécile.
F-928. OHNET (Georges) : La Grande Marnière.
F-749.   —   Le Maître de forges.
F-750.   —   Serge Panine.
F-822. OLIVIER (Urbain) : Mademoiselle de Malavieille.
F-820.   —   Le Manoir du vieux Clos.
F-819.   —   Rosette.
F-547. PAUL (Adrien) : Nicette.
F-550. PELLETAN (Eug.) : Les Rois philosophes.
F-1037. PERCEVAL (V. de) : Les Feux de paille.
F-1028. PERTUISET (E.) : Le Trésor des Incas.
F-666. POE (Edgar) : Histoires extraordinaires.
F-824. PONSON DU TERRAIL : Le Nouveau Maître d'école.
F-920. PONTMARTIN (A. de) : Entre chien et loup.
F-829. PREVOST-DUCLOS : Une Aventure à Tombouctou.
F-555. PUGET (Mlle du) : Le Voyage de la St-Jean.
F-1011. RANC (A.) : Le Roman d'une conspiration.
F-642. RANGABÉ : Léïla, etc.
F-657. REUTER (F.) : En l'année 1813.
F-848. RÉVOIL (B. H.) : Les Parias du Mexique.

F-606. Reybaud (Louis) : Jérôme Paturot à la recherche d'une position sociale.

F-675. — Jérôme Paturot à la recherche de la meilleure des républiques.

F-1024. — Splendeurs et infortunes de Narcisse Mistigris.

F-825. Reybaud (Mme Ch.) : Misé Brun.

F-1031. Richebourg (Em.) : Quarante mille francs de dot.

F-567. Robert (Clémence) : Le Pasteur du peuple.

F-669. Saintine (X. B.) : Un Rossignol pris au trébuchet.

F-668. — Les Trois Reines.

F-728, 729. Sand (Georges) : Les Beaux Messieurs de Bois-Doré, 2 vol.

F-916. — Le Château de Pic-Tordu.

F-984, 985. — La Comtesse de Rudolstadt, 2 vol.

F-986, 987. — La Confession d'une jeune fille, 2 vol.

F-727. — Le Diable aux champs.

F-730. — La Famille de Germandre.

F-907. — François le Champi.

F-731. — Jeanne.

F-661. — Mademoiselle de la Quintinie.

F-691. — Les Maîtres sonneurs.

F-732. — Le Meunier d'Angibault.

F-1022. — Mont-Revêche.

F-726. — Narcisse.

F-690. — La Ville noire.

F-482. Sandeau (J.) : Un héritage.

F-483. — La Maison de Penarvan.

F-656. — Valcreuse.

F-659. Sarcey (F.) : Le mot et la chose.

F-980. — Souvenirs de jeunesse.

F-982, 985. Saunière (Paul) : Le Beau Sylvain, 2 vol.

F-991. Sauvenière (A. de) : Le Roman d'un coulissier.

F-557 à 559. Scribe (Eug.) : Piquillo Alliaga, 5 vol.

F-1055. Segalas (Mme A.) : Les Rieurs de Paris.

F-556. Siebecker (E.) : Les Fédérés blancs.

F-951 à 953. Smith : Dick Tarleton, 3 vol.

F-1027. Souvestre (Em.) : Au bout du monde.

F-722. — Les Derniers Paysans.

F-484. — Deux misères.

F-725. — L'Échelle de femmes.

F-688. SOUVESTRE (Em.) : La Goutte d'eau.
F-545. — L'homme et l'argent.
F-687. — La Lune de miel.
F-721. — Le Mât de Cocagne.
F-689. — Le Mendiant de St-Roch.
F-724. — Les Péchés de jeunesse.
F-485. — Pierre et Jean.
F-648. — Récits et souvenirs.
F-719, 720. — Les Réprouvés et les élus, 2 vol.
F-723. — Riche et pauvre.
F-685, 686. — Le Roi du monde, 2 vol.
F-649. — Scènes et récits des Alpes.
F-915. — Les Soirées de Meudon.
F-646. — Sous les filets.
F-647. — Sous les ombrages.
F-1026. — Trois femmes.
F-667. SPOLI (A.) : Contes étranges imités d'Hawthorne.
F-788, 789. STAHL (J.) : Les Bonnes Fortunes parisiennes, 2 vol.
F-1021. SUE (Eug.) : Clémence Hervé.
[K-374.] — La Famille Jouffroy.
F-602 à 605. — Le Juif-Errant, 4 vol.
[K-368.] — Les Misères des enfants trouvés.
F-807. — Le Morne au Diable.
F-801 à 806. — Les Sept Péchés capitaux. L'Orgueil, 2 vol.; l'Envie,
la Colère, 2 vol.; l'Avarice, la Gourmandise, 1 vol.;
la Luxure, la Paresse, 1 vol.
F-998. SYLVAIN (Edouard) : Madame Mère.
F-827. TARDIEU DE ST-GERMAIN (J.) : Pour une épingle.
F-544. TERSON (J.) : Les Derniers Numides.
F-851, 852. THACKERAY : Henry Edmond, 2 vol.
F-927. THEURIET (André) : Eusèbe Lombard.
F-740. — Le Filleul d'un marquis.
F-681. — La Fortune d'Angèle.
F-679. — Madame Heurteloup.
F-680. — Mademoiselle Guignon.
F-506. — La Maison des deux Barbeaux.
F-742. — Le Mariage de Gérard.
F-741. — Raymonde.
F-926. — Tante Aurélie.

F-566. Theuriet (André) : Toute seule.

F-745. Thierry (Gilbert-Augustin) : L'Aventure d'une âme en peine.

F-776. Trollope (Antony) : Le Gardien.

F-777. — Œil pour œil.

F-845. Trollope (Francis) : La Pupille.

F-933. Uchard (Mario) : Mademoiselle Blaisot.

F-921. Ulbach (Louis) : Louise Tardy.

F-922. — Une Mère et ses enfants.

F-932. Vast-Ricouard : Le Chef de gare.

F-940. Verne (Jules) : L'Archipel en feu.

F-490. — Un Capitaine de quinze ans, 2e partie.

F-512. — Les Cinq cents millions de la Bégum.

F-941. — L'Etoile du Sud.

F-840, 841. — La Jangada, 2 vol.

F-842, 843. — Kéraban-le-Têtu, 2 vol.

F-573, 574. — La Maison à vapeur, 2 vol.

F-839. — Le Rayon vert.

F-513. — Les Tribulations d'un Chinois en Chine.

F-527. Vibert (Th.) : Le Conseiller Renaud.

F-555. Vigny (A. de) : Cinq-Mars, ou une conspiration sous Louis XIII.

F-910. Walter Scott : Richard en Palestine.

F-946, 947. Wood (Mme H.) : La Gloire des Verner, 2 vol.

F-758. Zaccone (P.) : Les Compagnons noirs.

F-1030. — La Dame d'Auteuil.

F-757. — Un Duel à mort.

F-756. — Les Plaisirs du roi.

F-697. — La Vivandière des Zouaves.

F-662. Zola (Em.) : La Conquête de Plassans.

G. — Sciences et Arts.

Sciences et leurs applications.

G-400. Garrigues : Lectures sur les sciences, les arts et l'industrie.

G-377, 378. Lacroix : Dictionnaire industriel à l'usage de tout le monde, 2 v.

G-373 à 376. Rambosson : La science populaire, revue scientifique et industrielle, années 1863 à 1866, 4 vol.

[K-278, 279.] Tissandier : La Nature, revue des sciences et de leurs applications, ann. 1878, 2 vol.

Sciences physiques.

G-395. BROTHIER : La Mécanique.

[K-298.] FLAMMARION : Astronomie populaire.

[K-337,] GUILLEMIN : Les Comètes.

G-385. — Les Nébuleuses.

G-388. MOITESSIER : L'air.

G-386. ZURCHER et MARGOLLÉ : Trombes et cyclones.

Chimie, géologie, histoire naturelle.

G-389. DARWIN : L'origine des espèces.

G-392. DELON : Le sol, roches et minerais.

G-394. FOCILLON : Premières notions d'histoire naturelle.

G-391. JOLLY (Drs N. et E.) : L'homme avant les métaux.

[G et K-....] — Études et mémoires divers : Embryogénie des éphémères, G-381. — Exposé sommaire de la doctrine de Darwin, G-382. — La découverte du genre iléadelphe, G-383. — Le grand prix de l'Académie de Toulouse en 1880, G-384. — Glairine ou barégine, G-397. — Matières organiques et organisées des eaux sulfureuses, G-398. — Le placenta de l'Aï, K-299. — Le prétendu crustacé Prosopistoma, K-300. — Les Ephémérines, K-301.

G-399. LEROLLE : Traité pratique de botanique appliquée à la culture des plantes.

G-390. LONGCHÈNE (de) : Le monde souterrain.

G-393. SAFFRAY (D^r) : La Chimie des champs.

G-387. TISSANDIER : Les Fossiles.

Arts divers.

G-379. BARRY DE MERVAL (du) : Etudes sur l'architecture égyptienne.

G-380. DELON : Histoire d'un livre.

G-396. LOSTALOT (de) : Les procédés de la gravure.

H. — Agriculture, jardinage.

Géologie et Chimie agricoles.

H-132. BARBIER : Distilleries agricoles, traitement des différentes matières alcoolisables.

H-133. Bodierne : Etudes chimiques sur le phosphate de chaux et son emploi en agriculture.

H-136. — Simples notions sur l'achat et l'emploi des engrais commerciaux.

[K-320.] Olry (E.): Etude géologique et agronomique des sols de l'arrondissement de Toul.

La ferme, l'élevage.

H-134. Fontenay (de) : Race bovine, pratiques d'élevage et d'engraissement des fermiers anglais.

H-139. Joigneaux : Conseils à la jeune fermière.

H-138. Paté : Discours sur l'éducation rurale.

Culture maraîchère ; animaux nuisibles.

H-137. Ponce : Culture maraîchère pratique des environs de Paris.

H-131. Redarès : Le chasseur taupier.

H-135. Rendu : Les insectes nuisibles à l'agriculture, aux jardins, etc.

J. — Bibliothèque de la Jeunesse.

J-219. Anonyme : Contes pour les Enfants.

J.202, 203. Assollant : Aventures du capitaine Corcoran, 2 vol.

J-220. Aubin : Les enfants célèbres.

J-224. — Les Petits Maraudeurs.

J-211. B*** (Lucie) : Une Maman qui ne punit pas.

J-221. Castillon : Récréations physiques.

J-227, 228. Cervantès (Michel) : Don Quichotte, 2 vol.

[K-338] Colomb (Mme) : Le Bonheur de Françoise.

[K-296] — La Fille de Carilès.

J-199. — Ici et là.

J-229. — L'Ours de neige.

J-197. — Simples récits.

J-223. Desbeaux (Em.) : Le Jardin de mademoiselle Jeanne.

J-214. Dickens (Ch.) : L'Embranchement de Mugby.

J-226. Enfant du Jura (Journal d'un) : Trois mois sous la neige.

J-217, 218. Foe (de) : Robinson Crusoé, 2 vol.

J-208. Génin : La Famille Martin, histoire de plusieurs ours.

J-213. — Le petit tailleur Bouton, etc.

J-196. Girardin (J.) : Les Gens de bonne volonté.

[K-378]. — Les Millions de la tante Zézé.

J-200. — Petits contes alsaciens.

J-198. — Un peu partout.

J-205. Gouraud (Mlle) : Aller et retour.

J-206. — Les Deux Enfants de St-Dominique.

J-204. — Les Filles du professeur.

[K-...] Macé, Stahl et Verne : Le Magasin d'éducation et de récréation, *suite* : Années 1875 à 1878, un tome par semestre, K-280 à 287. — An. 1879, 1er sem., K-288. — 2e sem., K-302. — An. 1880, 1er sem., K-303. — 2e sem., K-339. — An. 1881, K-340, 341. — An. 1882, K-348,349. — An. 1883, K-353, 354. — An. 1884, K-379,380.

J-212. Maréchal (Mlle) : La dette de Ben-Aïssa.

J-225. Mayne-Reid : Les Robinsons de terre ferme.

J-207. Moret (Eug.) : Les Cloches de Noël.

J-210, 222. Stahl : Les Histoires de mon parrain, 2 vol.

J-209. — Les Patins d'argent.

J-215. — Les Quatre Peurs de notre général.

J-201. Stolz (Mme de) : Les Poches de mon oncle.

J-216. With : Les aventures d'un jeune ingénieur.

J-230, 231. Witt (Mme de): Histoire de deux petits frères; sur la plage, 2 v.

TABLE RÉCAPITULATIVE DES SÉRIES.

		Pages			
A.	*Connaissances générales.*	3,	49,	57,	91
B.	*Philosophie et politique*	12,	49,	62,	93
C.	*Histoire.*	15,	50,	65,	95
D.	*Géographie, descriptions, voyages.*	21,	50,	70,	97
E.	*Littérature, polygraphie.*	24,	51,	73,	99
F.	*Romans, récits et nouvelles..*	29,	51,	76,	101
G.	*Sciences et arts.*	35,	52,	80,	113
H.	*Agriculture, jardinage*	41,	52,	83,	114
J.	*Bibliothèque de la jeunesse.*	44,	53,	85,	115

Toul — Imprimerie de T. Lemaire.